आरती

आरती का जन्म रीवा, मध्य प्रदेश में हुआ। उन्होंने हिन्दी साहित्य में स्नातकोत्तर और 'समकालीन कविता में स्त्री जीवन की विविध छवियाँ' विषय पर पी-एच.डी. की उपाधि प्राप्त की है।

दस साल से अधिक वे प्रिंट और इलेक्ट्रॉनिक मीडिया के क्षेत्र में सक्रिय रही हैं। समकालीन मुद्दों और खास तौर पर स्त्री विषयक मुद्दों पर लगातार लेखन किया है। विभिन्न पत्र-पत्रिकाओं में उनकी कविताएँ प्रकाशित हुई हैं। रवीन्द्रनाथ टैगोर विश्वविद्यालय द्वारा प्रकाशित वृहद कथाकोष 'कथादेश' का सम्पादन भी किया है।

उनके दो कविता-संग्रह—'मायालोक से बाहर' और 'मूक बिम्बों से बाहर' प्रकाशित हैं। उन्होंने माखनलाल चतुर्वेदी पत्रकारिता विश्वविद्यालय की दो पत्रिकाओं 'मीडिया मीमांसा' और 'मीडिया नवचिन्तन' का सम्पादन किया है। साहित्यिक पत्रिका 'समय के साखी' की सम्पादक हैं।

इन दिनों भोपाल में रहकर स्वतंत्र लेखन।

ई-मेल : samaysakhi@gmail.com

मूक बिम्बों से बाहर

आरती

राधाकृष्ण पेपरबैक्स

राधाकृष्ण पेपरबैक्स में
पहला संस्करण : 2023

राधाकृष्ण पेपरबैक्स : उत्कृष्ट साहित्य के जनसुलभ संस्करण

राधाकृष्ण प्रकाशन प्रा. लि.
जी-17, जगतपुरी, दिल्ली-110 051
द्वारा प्रकाशित

शाखाएँ : अशोक राजपथ, साइंस कॉलेज के सामने, पटना-800 006
पहली मंजिल, दरबारी बिल्डिंग, महात्मा गांधी मार्ग, प्रयागराज-211 001
1, अनमोल सोराबजी सन्तुक लेन, धोबी तलाव, मरीन लाइंस, मुम्बई-400 002

वेबसाइट : www.radhakrishnaprakashan.com
ई-मेल : info@radhakrishnaprakashan.com

विकास कम्प्यूटर एंड प्रिंटर्स
ट्रॉनिका सिटी-201 102
द्वारा मुद्रित

मूल्य : ₹199

MOOK BIMBON SE BAHAR
Poems by Aarti

ISBN : 978-81-19092-70-3

मेरे प्रिय कवि रमाशंकर 'विद्रोही' और
ईरानी कवि साबिर हका के लिए

कॉविड-19 में पैदल चलते-चलते दम तोड़ चुके,
रेल की पटरियों के बीच हताश नींद सोये तो कभी न उठे,
उन तमाम अनजान, बेकसूर मौत मरे लोगों के लिए...

क्रम

दासियाँ किस खेत में उगती थीं

हर कहानी में कोई राजा और उसकी ख़ूबसूरत रानियाँ थीं
राजकुमार और राजकुमारियाँ भी थीं हर कहानी में
एक दिन राजकुमारी की शादी दूर देश के
बहुत ही रूपवान, पराक्रमी राजा से होती है
राजा रानी अपनी बेटी को विदा करते हुए
बहुत सारा धन घोड़े हाथी और हज़ारों दासियाँ भी देते हैं

मैं कहानी को थोड़ा रोककर पूछती हूँ कि बताओ!
ये हज़ारों-लाखों दासियाँ कहाँ से आती थीं
क्या राजा के किसी खेत में उगाई जाती थीं
या जंगलों से बीन कर लाई जाती थीं
या कि चट्टानों से तराशकर बनाई जाती थीं
कहानी मेरी ओर आँख तरेरकर देखती है...

हमारे राजाओं ने हमेशा धर्मयुद्ध लड़ा
नहीं लूटा किसी पराजित राजा का धन
औरतों को तो हाथ तक नहीं लगाया

हमें यक़ीन है इस पर क्योंकि किसी कहानी में ऐसा कोई ज़िक्र नहीं है
हालाँकि प्रश्न यथावत है और अभी भी अनुत्तरित है...

कुछ कहानियाँ बड़ी ढीठ रहीं हर काल में
अपने गन्तव्य से भटक गईं
नतीजतन एक दासी को लापरवाही की सज़ा बतौर
भाड़ में झोंक दिया गया
एक को कौहकनी बनाया गया
तो कइयों को कालकोठरी की सज़ा और सज़ा-ए-मौत भी हुई

एक कहानी बाँधते-बाँधते ऐसी छूटी कि एक दासी का पुत्र
तो विद्रोही ऋषि हो जाता है
और पूछता है अपनी माँ से—
कि मेरा पिता कौन है?
और वह बिना झिझके उत्तर देती है
'इस नगर के राजा, मंत्रियों और महाजनों की सेवा में रही हूँ
उन्हीं में से कोई तुम्हारा पिता होगा...'
और यह पंक्ति नैतिकता से लीपे-पोते गाल पर
अभी तक तड़ातड़ झापड़ बजा रही है

एक और कहानी की कुबरी कानी दासी
अपनी रानी के हिस्से का अपयश ख़ुद खाकर
इतिहास में अमर हो गई
यहाँ पर कहानियाँ उदास और
क्षमायाचना की सूरत में नज़र आईं

इन दास-दासियों के माँ बाप
पति बेटा बेटी
ज़मीन-जायदाद

उनके अपने लड़ाई-झगड़े
प्रेम व्यवहार
उनके रंग-रूप
कुछ तो रहा होगा...

यह प्रश्न इसलिए भी
कि आज भी माता-पिता बेटियों को घर से बाहर
भेजने को लेकर फ़िक्रमन्द होते हैं
नियत समय से आधे घंटे भी लेट हो जाएँ बेटियाँ तो
उन्हें काटो तो ख़ून नहीं
फिर कैसे उस ज़माने में दिन-दिन और रात-रात भर
पुरुषों के शयनकक्षों में पंखे डुलातीं
खड़ी रह सकती थीं ये दासियाँ
मैं पूछती हूँ कहानी से...
कहानी हकलाने लगती है...

एक कहानी ख़ुद तो कुछ नहीं बोली
लेकिन मेरे हाथ में एक पर्चा थमा गई
जिसमें लिखा था—
कि एक बड़े साम्राज्य की एक ज़िद्दी रानी
राजसत्ता से बग़ावत कर बैठी
और इन्हीं हज़ारों-लाखों दासियों के अवैध शिशुओं की
हत्याओं पर न्यायाधीश से भिड़ गईं
राजा तक से भिड़ गई
और नतीजतन स्वर्णिम इतिहास के पन्नों से बेदख़ल कर दी गईं

कुछ कहानियाँ एक दूसरे के कान में फुसफुसाकर कहती हैं
उसका नाम

और फिर सुधारती हैं अपना ही कहा
कि 'हाँ इस नाम की एक नदी बहती थी उस राज्य में'

कहानियाँ तो कहानियाँ ही हैं आख़िर
आप बस उनकी आँखों में प्यार से निहारते जाओ
धीरे-धीरे हूँकी भरते जाओ

मुझे उम्मीद है एक दिन सत्ताओं की तमाम चेतावनियों को भूलकर
वे निडर हो जाएँगी
धीरे-धीरे खुलेंगी
और सब कुछ कह देंगी।

तीर की नोंक पर रखकर स्तन, एक स्त्री घोषणा करती है

प्रकृति ने स्त्री के स्तनों को अपना हमशक्ल माना
और उस पर यह सबसे ख़ूबसूरत पंक्ति लिखी
'एक स्त्री बच्चे को जन्म देने के बाद सकुचाती हुई उसे स्तनपान करा रही है'

कैमरे के फोकस लेंस पर आँखें गड़ाये दूसरे कोण से अपने समय को देखती हूँ
और एक ही समय में चीख़ और अट्टहास के दृश्यों को प्रकाश वेग से सुन सकती हूँ
किसी स्त्री के स्तनों को रौंदकर कोई पुरुष दुग्धपान का स्वाद भूल चुका है
बर्बर और कबीलाई कहते हुए रुक जाती हूँ
और कोई बड़ी-सी गाली खोजती हूँ उस कुदृश्य के लिए
जब एक स्त्री सिर्फ़ योनि और दो स्तनों में बदल दी जाती है

बर्बर युग तो तभी चरम पर था
जब योगिनियों की प्रतिमाओं के पत्थर हो चुके स्तनों को

क्षत-विक्षत किया गया था
और सभ्यता को जीत सकने की घोषणा की गई थी

फिर एक स्त्री ने काटकर फेंक दिए थे अपने स्तन
एक आताताई के सामने
और अभूतपूर्व विद्रोह की शुरुआत हो गई थी
जनता ने विद्रोह किया
विद्रोह करके क्या कर लिया
उन्होंने राजा बदल दिया...
एक राजा फिर दूसरा राजा फिर कोई तीसरा आया
थोड़े दिनों बाद फिर वही क़िस्सा
वह अपनी मर्ज़ी का बादशाह बना
दबोचता रहा सुडौल कुडौल स्त्री-देह को
रौंदता रहा स्तन और योनियाँ

समय के दूसरे छोर पर दृश्य बदलता है—
एक नामी-गिरामी फ़ोटोग्राफ़र
झारखंड-बस्तर के घने जंगलों के बीच
एक झोंपड़ी के पास रुककर
उस अश्वेत स्त्री के सुडौल स्तनों को कला का
अनुपम उदाहरण बताता
उसे फ़ोटोग्राफ़ी के लिए राज़ी कर रहा होता है
खुली छातियों को अपने बच्चे के मुँह में दिए वह स्त्री
तब शाम का भात राँधने के बारे में सोच रही होती है

स्तन क्या है?
एक जटिल स्वेद ग्रन्थि
अतिरिक्त चर्बी जैसा कुछ

सत्रह दुग्धधानी स्योत्र
शिशु के जन्म लेते ही ख़ून का दूध में बदल जाना
कोई आश्चर्य नहीं,
स्त्री देह की प्रामाणिकता..
चिकित्सा-शास्त्र की क्लास में एक अनुभवी प्रोफ़ेसर
अपने युवा छात्रों को ऐसा पढ़ा रही होती है

फिर भी सम्मोहन ऐसा कि—
भर्तृहरि और कुमारसम्भव पुस्तक-भर वर्णन लिखते हैं
वे राधा-कृष्ण के, शिव-पार्वती के सम्मोहन की परतों के बहाने
खोल रहे होते हैं अपने भी मन को

फिर भी कोणार्क है, खजुराहो है, अजन्ता-एलोरा है
यानी कला है देह
बिहारी की नायिका के झीने कपड़ों से झाँकते हुए स्तन
जंघाएँ समूची देहयष्टि
यानी पूरा का पूरा स्त्री-शरीर कला है
कविता है
जिसे समझने की नहीं
बरतने की कोशिशें सदियों से चली आ रही हैं
योग साधना के द्वार पर खोल दी गई कंचुकी
जिसके आधार पर योगी स्त्री का चयन करता है
वह पुरुष जो संसार का त्याग कर संन्यासी हुआ है
वहाँ भी किन्हीं परतों के भीतर कंचुकी-भर मोह बचा हुआ है
मोहाशक्त संन्यासी इसे दर्शन कहकर बखान करता है

एक स्त्री भी वैसी ही
सिलिकॉन के इंजेक्शन टेबलेट लेती

वह भी तो लगभग फ़िदा है अपने स्तनों की गोलाई पर
बाज़ार की नियमावलियों के हंटर फटकारती देह पर
अन्त:वस्त्रों की कम्पनियों के विज्ञापन करती
कृत्रिमता को एरोटिक बनाती
आँखों में चालों में सिक्कों की चमक की उत्तेजना भरती

वहाँ भी जहाँ कई शोर और आवाज़ें हैं—
मेरी देह मेरा मालिकाना
देह मात्र टैक्स्ट है
पर्सनल इज पॉलिटिकल
आवर बॉडी इज आवर बैटलफील्ड...
थोड़ी ही दूर पर अस्पताल के कमरा नम्बर 321 में
अभी-अभी एक स्त्री के स्तनों को काटे जाने की तैयारी चल रही है
अब स्तन सिर्फ़ छाती में दो सूखे हुए घाव हैं

हमारे युग की स्त्री के पास नहीं है ऐसी कोई मंत्र-शक्ति
कि तन्मय दुग्धपान कराती स्त्री को उधेड़कर
देख लेने के अपराध में
अपराधी को पैरालाइज कर दिया जाए
ख़ैर इस कहानी की प्रामाणिकता पर संशय किया जा सकता है
पर नहीं, हमारे ही युग की एक स्त्री
तीर की नोंक पर रखकर एक स्तन घोषणा करती है—
कि सुनो दुनिया की माँओ सुनो!
एक स्तन से हो जाएगा तुम्हारे बच्चे का पोषण..

सुनो स्त्री की छातियाँ बेड़ियाँ नहीं हैं...
जुगुप्सा नहीं हैं

उत्तेजना नहीं हैं
युद्धभूमि नहीं हैं

सुनो अप्राकृतिक मनुष्यो सुनो
प्रेम है स्त्री देह
जीवन है
पूर्णता है...

रामराज की तैयारी का पूर्वरंग

प्रश्न पूछने वालों को बेंच के ऊपर
हाथ उठाकर खड़ा कर दिया जाएगा
मुंडी हिलाने वालों को मुर्गा बनाया जाएगा और
बात-बात पर तर्क करने वालों को क्लास से
बाहर धकेल दिया जाएगा

प्रहसन की तैयारी से पहले मास्टर जी ने
यह बात तीन बार बताई

रामराज़ आने वाला है और यह सब
उसी की तैयारी का पूर्वरंग है

अभी राम को अयोध्या के राजा ने अर्थात
उनके पिता ने वनवास दिया है
और स्वामी की आज्ञा के आगे कोई भी
न्याय वग़ैरा की बात नहीं करेगा
राम ने भी नहीं की थी न ही किसी देशवासी ने

राजा प्रजा का स्वामी होता है
यह बात भी मास्टर जी ने तीन बार बताई

दूसरे हिस्से में युद्ध का अभ्यास चल रहा है
अस्त्र-शस्त्रों के नामों से लेकर
तकनीकी की भी जानकारी दी जा रही है
और यह भी कि राम के साथ धनुष-बाण हमेशा होना ज़रूरी है
जैसा कि तस्वीर में होता है

अब राम राजा नहीं हैं
फिर भी सेना बनाने में जुटे हैं
रामराज लाने की प्रक्रिया में युद्ध बहुत ज़रूरी है
इसीलिए जंगल में राम ने पहले भीलों-किरातों से
फिर वानर-भालुओं से दोस्ती बनाई
सुग्रीव की ज़रूरत पहचानकर उसे राजा बनने में मदद की
और इस तरह दोस्ती के भीतर दासत्व जैसे
नए रिश्ते का ईजाद किया
रामराज लाने से सम्बन्धित तमाम प्रोपेगंडा सँभालने का काम
हनुमान के मत्थे सौंपा गया

हाँ एक बात याद आई
युद्ध में औरतों का क्या काम
इसलिए सारी लड़कियाँ क्लास से बाहर चली जाएँ और
वीरों की आरती उतारने का अभ्यास करें
यह बात भी मास्टर जी ने तीन बार बताई

आगे मास्टर जी ने सोने के हिरण वाली बात बताई
राम ने शबरी के जूठे बेर को कितने प्रेम से खाया,

यह भी बताया
उन्होंने मारीच से लेकर बाली, कुम्भकरण और
रावण वध की कथा सविस्तार बताई
और तीन-तीन बार बताई

उन्होंने यह भी बताया कि रावण बड़ा विद्वान था और
राम विद्वत्ता का बड़ा सम्मान करते थे
अत: उन्होंने लक्ष्मण को रावण के पास राजनीति सीखने भेजा
मास्टर जी ने यह नहीं बताया कि जब लक्ष्मण को राजा बनना ही नहीं था
तो क़ायदे से राजनीति सीखने राम को जाना चाहिए था

नहीं बताया मास्टर जी ने राम के दुखों और
छोटे-छोटे सुखों के बारे में
कि रात के किस पहर अचानक सीता की याद में वे घंटों रोए थे
कि उन्हें माँ की याद कब-कब आई
कि पिता की मृत्यु की ख़बर राम ने वन में कैसे सहन की
उन्होंने यह सब एक बार भी नहीं बताया कि
अग्निपरीक्षा लेते हुए
राम कितने आदर्श बचे थे?
कि गर्भवती पत्नी को वनवास देते हुए
राम को अपने होने वाले बच्चे का बिलकुल भी ख़याल नहीं आया?

सच तो यह है कि
राम को राजा ही बनना था
चौदह साल बाद ही सही
रावण हमेशा राम की छवि चमकाने के काम आया

सच तो यह भी है कि
राजा किसी का सगा नहीं होता
न पिता का न पत्नी का न पुत्र का
यहाँ तक कि उस ईश्वर का भी नहीं
जिसकी ढाल वह हमेशा अपने साथ रखता है...

बीच में एक नदी बह रही है

बीच में एक नदी बह रही है
उस पार दुश्मन देश के लोगों का गाँव है
ऐसा अचानक, इस पार के गाँव वाले सोचने लगते हैं
और लगभग ऐसा ही
उस पार के गाँव वालों का भी सोचना है

हालाँकि कुछ समय पहले दोनों ही गाँवों के चरवाहे
एक कान में उँगली डाल विरहा की तान छेड़ते और
दोनों ही गाँवों में बहने वाली हवाओं के क़दम मदमस्त हो जाते
उनकी भेड़-बकरियाँ जब कभी एक-दूसरे के
घाट में पानी पीते छूट जातीं
वे उन्हें अमानत की तरह पालते-पोसते
और वापस लौटा दिया करते थे

इस पार उस पार के दोनों ही गाँवों की बेटियाँ
जो एक दूसरे गाँव में ब्याही हुई थीं
और उनके बीच अब तक कद्दू ककड़ी तुरई

गुजिया नमकीन का बायन बराबर चलता रहता था
इन दिनों वे सब राष्ट्रभक्ति के बटखरे में
दस-दस ग्राम कम-बेसी तौली जा रही हैं
वे तय नहीं कर पा रहीं कि
इस धर्मयुद्ध में खड़े भाई और पति के बीच
किसे अधर्मी घोषित करें

एक चिड़िया भी इन दिनों उदास और चुपचाप ऊँघ रही है
एक गिलहरी बीमार-सी पेड़ की डाल पर सोई रहती है
धान के खेतों को जैसे पीलिया हो गया है
एक चील आसमान से उतरती है और
दोनों गाँवों को जैसे नापकर अपनी आँखों में
गुम हो जाती है

ये नदी के पार वाले गाँव
भारत-पाक़िस्तान के भी हो सकते हैं
इजराइल-फिलिस्तीन के भी
चीन और ताइवान के भी
बेशक रूस और यूक्रेन के गाँव भी हो सकते हैं

हर देश की डुगडुगी से लेकर
बड़े-बड़े भोंपुओं से आवाज़ लगाई जा रही है
अख़बार और चैनलों से यही बात
चीख़-चीख़कर दोहराई जा रही है
कि देश की ख़ातिर ही राजा युद्ध करता है
उसे युद्ध करना पड़ता है
और ऐसा सिर्फ़ राजा के सिपहसालार ही नहीं

बहुसंख्यक प्रजा भी मानती है
इसीलिए वह एक जून की रोटी-नोन में गुज़र करके
दोनों जून राजा के लिए विजय की प्रार्थना करती है

हाँ हमें इल्म है कि देश और धर्म को बचाने के लिए
इतिहास में राजाओं ने लूटमार की
आबाद नगरों को उजाड़ दिया
दुश्मन देश के खेत जलाए
जीते हुए सिपाहियों ने पराजित देश की स्त्रियों से बलात्कार किए
उनके नवजात शिशुओं के टुकड़े-टुकड़े कर दिये

फिर ऐसा क्या हो जाता है कि बाजुओं के दम पर बौराये
जीवन-भर साम्राज्य विस्तार करते
और अपने ख़ानदान के बीमार नपुंसक पुरुषों के लिए
औरतों का हरण करते रहे
गंगापुत्र भीष्म
अचानक मृत्युशैया पर युद्धविरोधी हो जाते हैं और
कहते हैं—
जो राजा अपनी प्रजा पर बार-बार युद्ध थोपता है
वह नरकगामी होता है

यही बात हमारे समय के
कुछ मुट्ठी-भर लोग भी दोहराते हैं
ये सिरफिरे आवारा क़िस्म के लेखक कलाकार हैं
जो बैनर-पोस्टर लिये राजमार्गों पर खड़े
युद्ध के ख़िलाफ़ नारेबाजी कर रहे हैं

और दूसरी तरफ़
हमारे समय की लोकतांत्रिक सत्ताएँ
जेल की दीवारों को
मज़बूत कराने में मशगूल हैं।

साल दो हज़ार बीस-इक्कीस और हमारी पीढ़ी का मर्सिया

नहीं देखा मैंने कोई युद्ध
किताबों में पढ़ा और जाना
कि कितनी ख़तरनाक होती हैं अवैध इच्छाएँ
नहीं देखा देश का बँटवारा
कई दशक बाद पैदा हुई
भूकम्प में दरकती धरती की चीख़ नहीं सुनी
अकाल का क़हर नहीं देखा
और दंगों को भी नहीं देखा उस तरह
जिस तरह अलीगढ़ियों ने
पंजाबियों ने
और मुज़फ़्फ़र पुर वालों ने देखा है
इन सब को जाना किताबों में पढ़ कर
डॉक्यूमेंट्रियाँ देख-देखकर महसूस किया

मेरा जन्म हलचलों से परे विन्ध्याचल की ओट में बसे
एक ख़ूबसूरत क़स्बे में हुआ

और वैसे ही शान्त से गाँव में नाना-नानी के
लाड़-दुलार बीच बड़ी हुई
फिर जीवन की ज़रूरतों को ढूँढ़ते-ढाँढ़ते
एक दिन चली आई इस शहर में
सरपट दौड़ने को आतुर यह शहर भोपाल
हमारे प्रदेश की राजधानी
देश का दिल है ये, ऐसा भी कहा जाता है
चौथी कक्षा के सामाजिक विज्ञान में
चौरासी के गैसकांड के रूप में भी जाना था जिसे
हाँ! हमने भोपाल गैस त्रासदी को भी नहीं जाना उस तरह
जिस तरह कि चार पीढ़ियों बाद भी
आनुवंशिक बीमारियाँ भोगते भोपालियों ने जाना है
मुख़्तसर इस दर्द को महसूसा पहली बार
एक बैले देखकर

इस तरह देखा जाए तो हमारी पीढ़ी के
बहुसंख्यक लोग
सुकून की पैदाइश ठहरे

पूरे होशोहवास में लिखा मेरा बयान यह
प्रमाणित ही रहता
बयालीस की मेरी उम्र के बाद भी
लेकिन जैसे महाभारत के खांडव वन में आग लगी
और बिल के भीतर छिपे चूहे भी सलामत नहीं रहे
ऐसा अंधड़ चला कि हवाएँ भी झुलस गईं
ऐसी ही एक आग लगी
अभी-अभी हमारे समय में

कि अब मुझे साल दो हज़ार बीस और इक्कीस के
ब्लैकबोर्ड पर दूसरा ही हलफ़नामा लिखना पड़ रहा है

हाँ हमने साल दो हज़ार बीस देखा!
हाँ हमने साल दो हज़ार इक्कीस देखा!
कोई बादल नहीं फटा
धरती नहीं दरकी
दुनिया के किसी भी कोने में
परमाणु बम नहीं फेंका गया
दंगे भी नहीं हुए कहीं
लेकिन लाशों के अंबार बिछ गए

बुरी स्मृतियों को भुला देने के तर्क से मैं सहमत नहीं हूँ
दुर्दांत घड़ियों को बार-बार याद करते रहने की
ज़रूरत होती है
यादें वह शफ़्फ़ाफ़ आईना हैं
जिसमें साफ़ दिखाई देते हैं कील-मुँहासे तक
इसीलिए मैं भुलक्कड़ों को झकझोरने की ख़ातिर
शहर की सबसे ऊँची बिल्डिंग पर खड़े होकर
चीख़-चीख़कर
दोहराऊँगी

हाँ याद करो उस डर को
जिसकी देह में असंख्य केंचुलें थीं
घर के भीतर बन्द लोग रिश्तेदारों और पड़ोसियों से डरे
दोस्तों से डरे
दीवारों से डरे,
दरवाज़ों से डरे

अपनी ही परछाइयों से डरे
सबसे ज़्यादा लोग कामगारों से डरे
डर समय का स्थायी भाव बन गया

मैं कहती हूँ उन भुक्तभोगी लोगों से
कि दर्ज करो उन क्रूर स्मृतियों को
अपने भाई को खो चुकी बहन से कहती हूँ
कि बताओ सबको—एक इंजेक्शन के लिए तुम कितनी दूर-दूर तक भटकती रही
और फिरौती की कितनी रकम तुमसे माँगी गई
उस औरत को कहती हूँ जिसके पति के लिए ऑक्सीजन सिलेंडर नहीं मिला
उस अट्ठाईस साला युवक को भी कहती हूँ
कि याद करो
तुम्हारे बूढ़े बाप को मरने से पहले ही
वेंटिलेटर से उतार दिया गया था
उनसे भी जो अपने परिजनों का
श्मशान तक साथ नहीं दे पाए
बच्चों का चेहरा नहीं देख पाई माँओं से कहती हूँ
और मैं उन अबोध बच्चों से भी कहूँगी
किसी दिन
जिन्हें आज भी अपनों के वापस आने का इन्तज़ार है
एक क़िस्से की तरह ही सही,
सुनाओ
शोकगीत की तरह गाओ
बार-बार याद दिलाओ उन सबको
जो भूल चुके हैं
उस समय की भयानकता ही नहीं

काइयाँपन भी दोहराना ज़रूरी है
याद करो कैसे घरों में सुरक्षित बैठे
व्यंजनों का लुत्फ़ उठाते लोगों ने
भूख से मरते लोगों पर चुटकुले बनाए
याद करो अपने गाँव के सरपंच से लेकर
विधायक तक को
जो देश की जनता की सेवा करने की
बात-बात पर क़समें खाते हैं,
वे सब आपदा में अवसर तलाशते रहे

मैं देख रही हूँ अभी भी, सब कुछ वैसे का वैसा
मैं देख रही हूँ दिन-रात मुर्दाघरों को दहकते हुए
करोड़ों लोगों को भूख से तड़पते हुए
अपने प्रियजनों की लाशों को पीठ पर लादे
पैरों को घसीटते हुए
मैं देख रही हूँ अपने देश के सत्तानशीन को
इस सदी की सबसे बड़ी बेकारी के बीच
आत्मनिर्भरता का झुनझुना लोगों को थमाते हुए

मैं तमाम बयानों की उस पंक्ति को
रेखांकित करना चाहती हूँ
जहाँ स्मृतियों को कभी भी विस्मृत न किए जाने की बात कही गई है
और इस तरह मैं अपनी स्मृतियों के कोनों में
एक बार झाड़ू रोज़ फेरती हूँ

हाँ मैं आख़िर में इतना ही कहूँगी कि
मेरे समय का यह टुकड़ा

मेरी स्मृतियों में हमेशा ज़िन्दा रहेगा
लेकिन बुरी
और बेहद बुरी
स्मृतियों की तरह।

कनपटी पर तनी हुई बन्दूक़

वे चक्की थीं, बेलन थीं
फिर आग बनीं
वे दर्जनों बड़ी-छोटी नदियाँ बनकर बहती रहीं
तुम्हारी कविताओं में

उसके पहले वे फूल-पत्तियाँ थीं
और हमेशा ही आँख होंठ मुस्कुराहट
छाती जंघा योनि रहीं
तुम्हारी कविताओं में...

एक दिन वे इरोम शर्मिला, मेधा पाटकर और भँवरी बाई बनीं
वे तसलीमा नसरीन बनीं
वे मलाला और गौरी लंकेश बनीं
इस तरह मूक बिम्बों से बाहर आईं
यह सदियों का सफ़र था

कि तभी कविताओं से निकलकर एक बन्दूक़
उनकी कनपटी पर तन गई।

अच्छी लड़की के लिए ज़रूरी निबन्ध

एक अच्छी लड़की सवाल नहीं करती
एक अच्छी लड़की सवालों के जवाब सही-सही देती है
एक अच्छी लड़की ऐसा कुछ भी नहीं करती कि सवाल पैदा हों

मेरे नन्ना कहते थे—लड़कियाँ ख़ुद एक सवाल हैं
जिन्हें जल्दी से जल्दी हल कर देना चाहिए
दादी कहती—पटर पटर सवाल मत किया करो

तो यह तो हुई प्रस्तावना अब आगे हम जानेंगे
कि कौन-सी लड़कियाँ अच्छी लड़कियाँ नहीं होतीं

एक लड़की किसी दिन देर से घर लौटती है
वह अच्छी लड़की नहीं रहती
एक लड़की अक्सर पड़ोसियों को बालकनी पर नज़र आने लगती है
वह अच्छी लड़की नहीं रहती
एक लड़की का अपहरण हो जाता है एक दिन
एक लड़की का बलात्कार हो जाता है और
उसकी लाश किसी नदी, नाले या जंगल में पाई जाती है

एक लड़की के चेहरे पर तेज़ाब डाल दिया जाता है
और एक लड़की तो ख़ुदकुशी कर लेती है...

क्यों-कैसे?
जानने की क्या ज़रूरत
यह सब अच्छी लड़कियाँ नहीं होतीं!

मैं दादी से पूछती—अच्छे लड़के कैसे होते हैं
वह कहती—चुप! लड़के सिर्फ़ लड़के होते हैं
और वह शुरू हो जाती फिर से
अच्छी लड़कियों के गुण बखान करने
दादी की नज़रों में प्रेम में घर छोड़कर भागी हुई लड़कियाँ
केवल बुरी लड़कियाँ ही नहीं
नकटी कलंकिनी कुलबोरन होतीं
शराब और सिगरेट पीने वाली लड़कियाँ
दादी के देश की सीमा के बाहर की
फिरंगनें कहलाती थीं
और वे कभी भी अच्छी लड़कियाँ नहीं हो सकतीं

ख़ैर अब दादी परलोक सिधार गईं और नन्ना भी नहीं रहे
फिर भी अच्छी लड़कियाँ बनानेवाली फ़ैक्ट्रियाँ
बराबर काम कर रही हैं
और लड़कियों में अब भी
अच्छी लड़की वाला ठप्पा
अपने माथे पर लगाने की होड़ लगी है

तो लड़कियो! अच्छी लड़की बनने के फ़ायदे तो
पता ही है तुम्हें
चारों ओर शान्ति और शान्ति...

घर से लेकर मोहल्ले तक
स्कूल कॉलेज शहर
और देश-भर में
ये तख़्तियाँ लेकर नारे लगाना जुलूस निकालना
अच्छी लड़कियों के काम नहीं हैं
धरना-प्रदर्शन कभी भी अच्छी लड़कियाँ नहीं करतीं

मेरे देश की लड़कियो सुनो!
अच्छी लड़कियाँ सवाल नहीं करतीं और
बहस तो बिलकुल भी नहीं करतीं
तुम सवाल नहीं पूछोगी तो हमारे विश्वविद्यालय तुम्हें गोल्ड मेडल देंगे
जैसा कि तुमने सुना जाना होगा इस विषय पर
डिग्री और डिप्लोमा भी शुरू हो गया है
इन उच्च शिक्षित लड़कियों को देश-विदेश की कम्पनियाँ
अच्छे पैकेज वाली नौकरियाँ भी देती हैं
देखो दादी और नन्ना अब दो व्यक्ति नहीं रहे
संस्थान बन गए हैं

ख़ैर आख़िर पैराग्राफ़ से पहले
एक राज़ की बात बताती हूँ
कुछ साल पहले तक मैं भी अच्छी लड़की थी।

आदमी का विलोम

जैसे आग का विलोम पानी होता है
जैसे पिघलना का जमना होता है
या टूटना का जुड़ना होता है जैसे
क्या वैसे ही आदमी का विलोम औरत होता है?

क्योंकि यहाँ पर मैं शब्दों के प्रयोग की बात कर रही हूँ
इसलिए भाषाविज्ञानियों को कोट करना ज़रूरी है
वे कहते हैं—
नहीं, आदमी का विलोम औरत नहीं होता
सही-सही बरतना सीखो तो
आदमी का विलोम जानवर होता है

वे भाषा में बरते जाने वाले ग़लत रिवाज़ों को
कुछ उदाहरण सहित समझाते हैं
जैसे कि फ़ारसीभाषियों ने आदमी के विलोम को बरता और
भाषा के संयंत्र घर में यह बिगड़ैल मुहावरे की तरह
प्रयोग किया जाने लगा

कुछ स्त्री-पुरुष एक आयोजन कक्ष में प्रवेश करते हैं
और माइक सँभाल कर खड़े संचालक महोदय कहते हैं—
कृपया सभी आदमी दाईं तरफ़ और
औरतें बाईं तरफ़...
ऐसे ही वह औरत भी 'मेरा आदमी...मेरा आदमी' कहकर
बर्तन घिसती, पटकती और दाँत पीसती जाती है

मैं हिन्दी की विद्यार्थी और
थोड़े समय के लिए शिक्षक होने के बाद भी
कुछ शब्दों को ऐसे ही लापरवाही से बरतती आई
जैसे कि यहाँ पाँच आदमी और पाँच औरतें बैठे हैं
या फिर फलाँ काम को दो आदमी और
दो औरत मिलकर कर रहे हैं

दरअसल जानने से ज़्यादा मसले आदतों पर निर्भर होते हैं
और आदतें कोई आसमान से नहीं टपकती
इसे ही शायद राजनीति कहते हैं और
बड़े गर्व से इसे ही कूटनीति कहा जाता है
यह शब्द भी ऐसे ही
सदियों पहले कूटनीतिक षड्यंत्र का हिस्सा बना
और बना एक सर्वकालिक सिद्धान्त
जिसके तहत औरतें 'आदमी' नहीं होतीं
जिस तरह से यह प्रश्न समाजशास्त्र का हिस्सा है
उसी तरह दर्शनशास्त्र को कमोबेश अब इसे
अपने सेलेबस में प्रश्न की तरह शामिल कर लेना चाहिए?

सुना था कि टाइम मशीन बनी थी कभी
फिर यह भी सुना कि वह महज़ एक कल्पना थी
काश कि बन सकती तो कितना आसान होता

ऐसी ग़लतियों को सुधारना
और ख़ुद भी सुधर सकना
ख़ैर अब कहाँ-कहाँ, क्या-क्या सुधारने की गुहार लगाई जाए

और आख़िर तो यह होगा कि
मुझे इस कविता को अधूरा ही छोड़ना पड़ेगा
वरना मेरे ज़माने के सभी वरिष्ठ और युवा
ग़ैर आधुनिक और आधुनिक
नाना तरह के आदमी, जिनमें मेरे पुरुष मित्र भी होंगे
वे सब के सब चीख़ ही उठेंगे
'ओह, टू मच फेमिनिज्म!!!'

बर्फ़ जैसे जमे हुए दुखों वाले गीत

आधी रात को अचानक
वीरानगी की ढोलक पर थापें गूँज उठती हैं
और कोई लोकगीत सन्नाटे की तरंगों को चीरता
होठों पर तैरने लगता है
वही वाला—माई जो होती ख़बर हमरी लेतीं
कि बाबुल का गई सुधि भूलिउ हो ना...

जैसे स्मृतियों का फ़्लैशबैक
धीरे-धीरे, गोल-गोल घूम रहा हो
कि यही गीत गाते-गाते एक दिन माँ
जार-जार रोने लगी थीं
और फिर तुरत-फुरत अगला अन्तरा पकड़ मुस्कुराने भी लगीं

'माँ' मेरी बड़ी मौसी
मैं उन्हें बचपन से ही माँ कहती आई
पर वे माँ नहीं और मैं भी बेटी नहीं ठहरी
मैं थोड़ी कोशिश करती रही बेटी बन सकने की
और वे भी कि माँ होना महसूस सकें

बावजूद हमारी भरसक कोशिशों के
सत्य की ऐसी कसैली फाँक
कि वे कभी भूल ही न पाईं कि वे किसी की माँ नहीं
और 'माँ माँ' पुकारते हुए भी मेरी आवाज़ के तलछटे से
मौसी जैसा स्वर ही खरखराता रहा

बड़ी अजीब होती हैं स्त्रियाँ
जीवन का कोई भी अधूरापन हो
आँसुओं से पाटती रहती हैं
उतना ही अजीब हमारा लोक,
जहाँ वेदनाओं के सोते गीतों का रूप धरकर
मनचाही दिशा में बह चलते हैं
दुखों को भी सलीके से गाया जाता है यहाँ
या ऐसे ही थोड़ी-सी जगह तलाश की गई
कि तकलीफ़ों का उत्स मनातीं नायिकाएँ
विद्रूप तानाशाहों को मुँह चिढ़ाती रहें
ऐसे ही माँ किसी और के गीत को
अपने सुर में गा रही थी
और देखो तो गीतों में इतना सामर्थ्य कि
बर्फ़ जैसे जमे दुखों को पिघलाकर
थोड़ा-थोड़ा बाहर ला सकें

आज बयालीस की उम्र में
मैं अपने नितान्त एकान्त में
नुसरत की ग़ज़लें सुनते हुए
डबडबाई आँखों पर चुपके से हथेली ढाँप लेती हूँ
कि मैं भी उसी लोकगीत का मुखड़ा
याद कर गुनगुनाने लगती हूँ
—माई जो होती ख़बर हमरी लेती...

मन के तार किसी स्त्री के अपनत्व-भरे
पल्लू से जा उलझते है
और दो बूँद आँसू टपककर धरती पर गिर पड़ते हैं
मैं आँधी में टूटकर गिरे पत्ते की तरह
किसी दबाव में अपनी तय दिशा के विपरीत
उड़े जा रही हूँ और
चाहकर भी माँ की तरह हिलककर रो नहीं पा रही

मेरी सुबह की थोड़ी-सी नींद में
अचानक
वे सारी जानी-अनजानी स्त्रियाँ
लोकगीत के मुखड़ों-अन्तरों को
हथियारों की तरह लहराती नज़र आती हैं
मैं देखती हूँ
चारों ओर बिखरे पड़े हैं
उनके लहू-लुहान दुख।

नदी शाप देगी और तुम सब कुछ भूल जाओगे

सिन्धु घाटी के खंडहरों में भटकती
चौदह सीढ़ियाँ जल्दी-जल्दी फलांग
मैंने तुम्हें आवाज़ दी
कि सुनो! ऐसे अकेले नहीं पार की जातीं सभ्यताएँ...
कि नदी शाप देगी और तुम सब कुछ भूल जाओगे

एक दिन फिर
छूकर तुम्हारे कानों की गर्म लवों को
आहिस्ता फुसफुसाई...
अब तक कहाँ थे तुम..
कहाँ-कहाँ न ढूँढ़ा तुम्हें..
धरती आकाश
पूरब पश्चिम उत्तर दक्षिण
और इन चारों दिशाओं के छहों कोनों में भी
बरसों तलाशा तुम्हें
मुझे तुम्हारी ही तलाश थी...
अब तक कहाँ थे तुम...

तुमने सुना और मुस्कुराए
मैं थोड़ी देर ताकती रही तुम्हारी आँखों में
और पलटकर उसी तरह भागी
जैसे नर्मदा सोनभद्र को अलविदा कह चल पड़ी थी
कभी मुड़कर न देखने की क़सम खाकर
ख़ालिस क्रोध न था वह
न ही दुनिया को जता सकने के लिए किया गया विद्रोह
प्रेम के दरकने से पैदा हुई थी
इतनी गहरी आग
कि पत्थरों के बीच खाई खुद गई
और पानी बह निकला

इसी तरह गहरे जंगलों, कन्दराओं के बीच रास्ता बनाती
शताब्दियों साम्राज्यों के भग्नावशेषों में भटकती
तुम्हें पाया
और एक दिन तुम्हारी हथेलियों पर
अपनी उँगलियाँ चकमक की तरह रगड़ते हुए कहा था—
तुम्हें ही ढूँढ़ रही थी...
अब तक कहाँ थे तुम..
तुम्हारी आँखों में अपरिचय के लाल रेशे चमक रहे थे
तुमने मेरे चेहरे पर कोई निशान खोजने की कोशिश की
मैं यहाँ भी अधिक देर रुक नहीं सकी

यूँ तो मेरी पीठ एकदम गोरी चिट्टी है
दुर्गम यात्राओं के भी कोई निशान नहीं चिपके
पर ग़ौर से देखो!
उसके पीछे बेतरतीब उजाड़ नगरों के गोदने गुदे हैं
जहाँ कोई स्त्री तभी चीख़ती है जब
मैं तुम्हें बेतहाशा प्रेम कर रही होती हूँ

और मैं बीच में ही बेढब प्रश्न करने लगती हूँ—
तुम मुझे धोखा तो नहीं दे रहे हो
मेरा गला तो नहीं दबा दोगे...

इस तरह बेतरह शंकाओं को
पलाश की ललछौंही पत्तियों से ढाँक
तुम्हारी आँखों का चुम्बन लेने के लिए
अपने होंठ खोलती ही हूँ
कि पिछली शताब्दी की ढेरों स्त्रियाँ
एक साथ अट्टहास करने लगती हैं
वे कोई आदिम नाच नाच रही हैं
उनकी कमर की थिरकन का तालमेल वाद्यों के साथ
बहुत ही ख़ूबसूरत है
        नाचते हुए एक सदी से दूसरी सदी की
दूरी तय करतीं
उन्होंने अपने तन-मन की थकान छुपाने की
बारीक अभिनय कला ईजाद कर ली है
वे कोई गीत भी गा रही हैं
नाचते-नाचते वे तितली के मसले हुए पंखों में
तब्दील हो जाती हैं

यह सब ख़्वाब में भी हो रहा है और
ख़्वाब के बाहर भी

और मैं...अभी भी
अपने वर्तमान के प्रेम में तरबतर
बस कहती ही जा रही हूँ
हाँ मैंने तुम्हें ढूँढ़ लिया...
अब तक कहाँ थे तुम...
मैं तुम्हें ही ढूँढ़ रही थी...

धूसर काग़ज़ पर लिखा प्रेम

चौकोर धूसर काग़ज़ पर
हल्के गुलाबी रंग के फूल बनाए
बनाईं हरी-हरी पत्तियाँ
टहनियों को थोड़ा गाढ़े हरे रंग से रँगा
खड़े होने के लिए ज़मीन तो ज़रूरी है न
इसलिए कत्थई भूरे रंग की बेल बनाकर
रेतीली ज़मीन पर रोप दी...
इस तरह लिखा मैंने प्रेम...

इन्हीं लताओं के बीच से शकुन्तला ने दुष्यन्त को
थके-हारे पानी पीते देखा था

मैं थोड़ी दूर से शकुन्तला को देखती हूँ
फिर देखती हूँ दुष्यन्त को
मैं कण्व ऋषि के ग़ुस्से से काँपते चेहरे और
माथे पर बनते-बिगड़ते त्रिपुंड को भी वहीं से देखती हूँ

मेरे देखने में भरत को न देखना कैसे हो सकता है

ठीक उसी जगह से हिले-डुले बिना
मेरी नज़रें मेनका और विश्वामित्र को भी देख सकती हैं
इतिहास की तरह नहीं वर्तमान की तरह
महाकवि की क़लम बार-बार रुकती है
शायद उन्होंने उन विष बुझी वक्रोक्तियों को
नज़रअन्दाज़ कर दिया हो
जो माँ के अतीत की ओट में बेटियों पर
बरसाई जाती हैं

मेरे देखने में प्रेम के गुलाबी रंग के साथ
अपमान, घृणा
और तिरस्कार के कितने ही रंग
आए और गए
इसीलिए काग़ज़ धूसर था।

गर्भपात के बाद एक स्त्री का कन्फ़ेशन

किसी बाज ने झपट्टा मारा शायद
वह कबूतर जीने की लालसा में भागता आया
मेरी देहरी पर दम तोड़ा उसने

उसे उठाकर एक किनारे रखते हुए
मैंने अपने हाथों की ओर देखा
वे बाज के पंजे थे
किसी और कबूतर को झपटने के लिए तैयार

बेहद क्रूर क़िस्म की रुलाई मेरे भीतर गूँज रही है
भागकर बाथरूम के अँधेरे कोने में छिपती हूँ
चिंघाड़े मारकर रोने के बाद भी थमता नहीं सैलाब
न न, नियति नहीं
मेरी ग़लती...मेरा निर्णय...

एक छोटी पंक्ति ही तो थी, लिखकर मिटा डाली
एक चित्र बनाकर फाड़ डाला काग़ज़
अपनी ही आत्मा की कविता को महसूसे बिना

धो-पोंछ डाले शब्द
इस तरह मैंने लिखी फिर से क्रूरता की नई परिभाषा

यह ख़ामोश रात और मैं
वह गीत तो हमने साथ मिलकर गाया था न
जब लगा कि हमारे साथ-साथ पूरी कायनात झूम रही है
फिर इस भयानक रात का क़हर...
सिर्फ़ मुझ पर...
रात की साँवली परत को थोड़ा खोलकर
तुम्हारे सामने बैठ
तुम्हारे संवाद ख़ुद दोहराती हूँ—
वाक़िफ़ हूँ तुम्हारे दर्द से
मैं भी तो सहभागी रहा...

यह सब दिल की गहराइयों में उतरता तो है
फिर बह जाता है

किसी डरावने सपने के बीच मैं तुम्हारी ओर हाथ बढ़ाती हूँ
एक सुनसान सड़क कई काली छायाओं से घिरे पेड़
और फिर एक काँटेदार दीवार महसूस होती है

अभी-अभी ही मेरी देह तुम्हारे स्पर्श पर लहलहाई थी
अभी ही चाहा कि दूर जा बसूँ
तुम्हारे साथ,
किसी ख़ामोश वादी में
अभी कल-परसों ही मैंने तुम्हारे प्रेम नाराज़गी
और इन्तज़ार के स्केच बनाए थे
और आज ही यह आतप
छूकर देखो जल रही है मेरी देह

नींद में भी घुस रहे हैं
मेरे गर्भ की तहों में वे नुकीले औज़ार
सफ़ेद दस्तानों वाले कुछ जोड़ी हाथ
कुछ टटोलते-खरोचते-काटते-खींचते
जिस तरह कि उगने से पहले ही खुरपी लेकर छीलना घास को

मेरे प्रेम का तलघर
जहाँ निर्दयता से झाड़ू फेर दी मैंने
वही मेरा वजूद,
हाँ मेरा घायल वजूद
अब कतरनी लेकर खरोंच रहा है
काट रहा है बचे-खुचे हिस्सों को

देखो तो! मेरी आँखों से बहते लहू को
क्या मैं फिर उड़ सकूँगी
गा सकूँगी कोई गीत
नुचे पंखों के असीम दर्द को भूलकर
गले में उग आए काँटों पर लेप लगा

ओ मेरे अजन्मे शिशु!
मुझे माफ़ मत करना
तुम्हारी भर्त्सना की सड़ांध फैले मेरे भीतर
उसी मरे कबूतर की तरह
जो खिड़की खोलते ही घुस आई थी भीतर

तुम धिक्कारना मेरी कायरता को
मेरी विद्रोही छवि के पाखंड को
कि सो न सकूँ बेफ़िक्र
एक भी रात

मेरी क्रूरता का दंड जारी रहे।

एक देह को ख़ाक में बदलता देखकर लौटी हूँ

पहली बार, एक जलती चिता को देखकर लौट रही हूँ
इत्तेफ़ाक़न, वह एक औरत की चिता थी
एक देह को ख़ाक में बदलता देखकर लौट रही हूँ

शून्य से अनंत भार में बदल चुके पैरों को घसीटती
घर की सीढ़ियाँ चढ़े जा रही
आँखों की पुतलियाँ एक बड़ी स्क्रीन में तब्दील होकर
अभी-अभी देखे दृश्य को रंग, गंध, ध्वनि के साथ
बार-बार दोहराए जा रहीं

सुनहरे बॉर्डर की हरी साउथ कॉटन साड़ी में लिपटी देह
लकड़ियों के बीच दबा दी गई
पहली लौ ने उठकर अँगड़ाई ली
मैं चीख़ मारकर रोना चाहती थी लेकिन
कसकर दबा दिया अपनी रुलाई का गला
कि अभी सब चिल्ला उठेंगे—इसीलिए औरतों को मनाही है

हाँ, औरतों को मनाही होती है बहुत-सी चीज़ों की
और यदा-कदा मिली हुई आज़ादियों को जीने का

शऊर भी नहीं होता उनके पास
जैसे उनके पास समय हो तो भी
वे अपने मन का कुछ भी नहीं करना चाहतीं
उन्हें हर दिन ऑफ़िस से जल्दी पहुँचना होता है घर
छुट्टी का दिन तो और भी व्यस्त होता है
एक दिन वे थोड़ा-सा समय निकालकर
दिल में दबा हुआ गुबार कहने किसी अजीज़ दोस्त के पास जाती हैं
और चाय के घूँट-घूँट के साथ
होंठों के कोर तक आया अनकहा फिर से पी जाती हैं

वह औरत जब तक ज़िन्दा रही
फ़ुर्सत के कुछ घंटे
कभी नहीं निकले उसके बटुए से
कि उसके और मेरे पास व्यस्तता के हज़ार बहाने थे
हम कहते रहे कि हम जल्द मिलेंगे...जल्द मिलेंगे
और एक दिन सुबह मेरे मोबाइल की स्क्रीन पर
एक सन्देश उभरता है...शी इज़ नो मोर...

तब...मुझे कोई काम याद नहीं आता
मैं सीधे-दौड़कर उस जगह पहुँच चुकी होती हूँ
जहाँ वह औरत नहीं होती बाक़ी सब कुछ होता है
        घर होता है
घर के लोग होते हैं
और होती है उसकी देह

इसे एक विडम्बना की तरह सोचती हूँ कि
वह औरत मेरी इतनी घनिष्ठ तो न थी कि महीनों बाद भी
मेरी रात उसकी स्मृतियों का घरौंदा बन जाए

हाँ रेनुका अय्यर देखो, मैं हर रात
तुम्हारी देह में कायान्तरित हो जाती हूँ
चालीस मन लकड़ियों के बिस्तर पर लेटी हूँ
वैसे ही सुनहरे बॉर्डर वाली हरे रंग की साड़ी पहने हुए
मेरी छाती, मेरी जंघाएँ, मेरी पिंडलियाँ
तलवे और हाथ
लकड़ियों के ढेर के नीचे दबे जा रहे
देखो! कोई मेरी ओर जलती लुकाठी फेंकने ही वाला है।

हमें भेड़-बकरी बनाओ

नहीं सीखना हमें दो और दो का जोड़ घटाना
नहीं पढ़ना विज्ञान भूगोल की पोथियाँ
इतिहास की मक्कारियाँ समझकर क्या कर लेंगे
और राजनीति तुम्हारी तुम्हें ही मुबारक

हम वही धान कूटेंगे
चक्की पीसेंगे
घूँघट काढ़कर मुँहअँधेरे दिशा फराक हो आएँगे
और पीटे जाने पर बुक्का फाड़कर रो लेंगे

हम हाथ जोड़कर सत्यनारायण की कथा सुनेंगे
और लीलावती कलावती की तरह परदेस
कमाने या ऐश करने गए सेठ का
जीवन-भर इन्तज़ार करेंगे

हम एनीमिक होंगे तब भी करेंगे निर्जला उपवास
करवाचौथ तीजा की कथा सुनकर हर साल डरेंगे
अपनी थाली की दाल-सब्ज़ी पति-पुत्रों को मनुहार कर-कर खिलाएँगे

मरते दम तक पैदा करेंगे मनु के साम्राज्य को बढ़ाने वाली जमातों को
और अगले जन्म फिर से वही घर वही वर पाने की कामना करेंगे

इहलोक-उहलोक के हिसाब से सब मैनेज कर लेंगे
किटी पार्टी वीसी फेसबुक व्हाट्सएप सँभाल लेंगे
हम अपने मन के भीतर खुलने वाला दरवाज़ा
बन्द कर उस पर ताला जड़ देंगे
कोई दस्तक नहीं सुनेंगे
कान बन्द कर लेंगे
होंठ सिल लेंगे

आओ तालीवुडिया बॉलीवुडिया भोजपुरिया फ़िल्में आओ
एकता कपूर की मौसियो भाभियो
सासो ननदो आओ
पुराने को नई तहजीब में रंग कर लाओ
हमें एक बार फिर से भेड़-बकरी बनाओ।

एक ऋचा का पुनर्पाठ

चिता से उठती चीख़ों की आवाज़ें सुन-सुनकर
आख़िर एक दिन उनके कान संवेदना से पसीज उठे
और उन्होंने देवभाषा में कहा—

'ओ स्त्री उठ!
जिसकी बगल में तू लेटी है वह कब का मर चुका
उठ जीवितों के संसार में वापस चल
उठ देवकामा उठ!'

वह अहसान से दोहरी-तिहरी हो वापस आई
वह वापस आई देवर के लिए
वह वापस आई पुरोहित के लिए
वह वापस आई किसी न किसी पुरुष के लिए

उन्होंने जब-जब कहा वह हँसी, रोई
और गीत गाने लगी
उन्होंने इशारे किए जब, वह मर गई

ज़हर खा, फ़ाँसी लगा, बच्चे जनकर और
आग में कूद कर भी

इस तरह वह जीवितों की दुनिया में ज़िन्दा रही
इस तरह वह फिर-फिर मरी जीवितों की दुनिया में...।

एक और ऋचा का पुनर्पाठ

सबने अक्षत और फूल लेकर हाथ जोड़े
सबने यानी स्त्रियों ने भी

उन्होंने दूसरी ऋचा का पाठ शुरू किया—
'ओ स्त्री तुम पर भरोसा नहीं किया जा सकता
तुम्हारा मन भेड़िए का मन है'

सामने बैठी स्त्रियों की देह जड़ हो गई और
उनके चेहरे पर भेड़िए सरीखे पैने दाँत उग आए

पिताओं ने उनकी ओर हिकारत-भरी नज़रों से देखा
और उनकी पकाई रोटियाँ कुछ भुनभुनाते हुए खाते रहे

बच्चे आए, वे उनके दाँतों को छूकर, हिलाकर
ठोंक बजाकर देखते और ठहाके लगाते रहे

आख़िर में रात के दूसरे पहर पुरुष आए
सबसे पहले उन्होंने उनके नुकीले दाँत तोड़े

फिर शरीर का मांस तोला-तोला कर पकाया-खाया
वे डकार आने तक खाते रहे

इस तरह एक भेड़िए के मन वाली का
यह संस्कार
सुबह के पहर तक चलता रहा।

प्रेम में हर स्त्री मीराबाई होती है

(स्वयं प्रकाश जी को समर्पित)

वे सुई और धागे के बीच
अलग-अलग रंग के फूलों को
हार की शक्ल में पिरोती जातीं
फिर भोग के लिए पकवान बनाने चल देतीं

वे कड़ाही में एक-एक चम्मच घी डालती हुई कहतीं—
सुनो!
प्रेम में हर स्त्री को मीराबाई होना ही होता है
ज़हर पीने वाली
पहले थोड़ा-थोड़ा फिर एक दिन
पूरी तरह ग़ायब हो जाने वाली
जैसे कि मीराबाई एक दिन ग़ायब हो गईं थीं न!

वे मेरी दुनिया की एक नामालूम-सी स्त्री
उनसे रिश्ता-नाता बताकर क्या करना
बस परिचय इतना कि

वे ख़ुद को कृष्ण की प्रेयसी कहतीं
जैसे कि मीराबाई कहती रहीं
लेकिन वे कृष्ण की बजाय मीरा की कहानियाँ सुनातीं

माँ-बाप के प्यार को तरसती छोटी-सी मीरा
प्रेम की शक्ल दासियों में हेरती रहती
छाया की तरह हरदम साथ डोलने वाली
चचेरी बहन की लाश के साथ ही
विवाह की वेदी पर बैठा दी गई
कि उस दिन एक नहीं दो चिताएँ जल रही थीं एक साथ
कि एक कुछ घड़ी जलकर राख हो चुकी थी
और
दूसरी हर पल जलती-बुझती राख होती रही

इस तरह तिर्यक कोष्ठकों में फँसी
हरे घास-सी दिल वाली लड़की
भूसे की आग में तब्दील हो गई

ऐसे-ऐसे राजस्थान के मेवाड़ में एक मीराबाई रहीं...
कहते-कहते वे रोने लगतीं
कभी-कभी अकेले में न जाने क्या बड़बड़ाती रहतीं
पूछो तो कहतीं कि मीरा के गीत गा रही हैं...

वे कहतीं—
हमारी दुनिया की स्त्रियों को मनाही रही प्रेम करने की
फिर भी उन्होंने प्रेम किया
उनका पहला प्रेम थी कोई-न-कोई देवमूर्ति
कि मूर्तियों से प्रेम करने की सामाजिक सार्वजनिक छूट थी उन्हें
उन्होंने उनकी प्रभुताओं से किया प्रेम
देवत्व से भरी सच्ची-झूठी कहानियों से किया प्रेम

इतना ही नहीं हमारी दुनिया की तमाम स्त्रियों को
सख़्त मनाही रही प्रेमगीत खुलेआम गुनगुनाने की
फिर भी वे गातीं रहीं
जैसे प्रेम दीवानी मीरा दरद को गीत कहकर
गाती रहीं
इस तरह उन्होंने प्रेम की घोषणा
तमाम सत्ताओं के सामने खुलेआम की
ईश्वरों की अवहेलना करने की हिम्मत
किसी सत्ता में नहीं होती

बड़े अजीब हैं न
हमारी सत्ताओं के अपने अधीनों के लिए बनाए नियम
कि अपनी मर्ज़ी के दफ़न-कफ़न तक की छूट न थी जिन्हें
उन्हें ईश्वरों के प्रकार चुन सकने की पूरी छूट मिली
और वे सब भी तो
बेहिचक उड़ेलती उनके सामने अपनी चाहतें
कामनाएँ वासनाएँ तक
और वह, उनका ईश्वर सिर्फ़ मुस्कुराता...
हमेशा मुस्कुराता
मुस्कुराना उसका स्थायी भाव था

वे ऐसी ही मुस्कुराहटों की उम्मीद
उन मनुष्यों से भी करती रहीं
जिनसे एक दिन उन्हें मोहब्बत हो गई
या कि जिन्हें पहले उनका पति
और फिर भगवान बना दिया गया

क्या सचमुच मीरा ने ज़हर का प्याला पिया?

वे कहतीं—हाँ सचमुच पिया होगा
जैसे कि हम रोज़ पीते हैं...
और वह ग़ायब हो जाने वाली बात?
वे आँखें तिरछी करके देखतीं
कोई बाढ़ खाई नदी थीं कि आईं और उतर गईं
वे शब्द थीं
संगीत थीं
दहकता हुआ पूरा युग थीं

ख़ैर ये मूर्तियों की, मीराबाई की और
उन तमाम स्त्रियों की कहानियाँ तो चलती ही रहेंगी
मीरा के गीत भी वैसे ही गाए जाते रहेंगे
जो विरह की पुकार से
भजन में इतने चुपचाप तब्दील कर दिए गए
कि सदियों की ख़ामोशी के ख़िलाफ़ उग रही आग को
स्वर्ग को पाने का तरीक़ा कह दिया गया

ये उसी समय की बात है जिस समय
कि सोलह-अठारह साल की लड़कियों के मन में मीराबाई
एक खिड़की की तरह खुल रही थीं
हर दूसरे चौथे घर में मीराबाई के गीत पिंजरे में बन्द पक्षी को
उड़ सकने की कम्पन से भर रहे थे

ठीक उसी समय के आसपास
मीरा के अपने शहर में
उनकी स्मृतियों को
जन-जन की स्मृतियों में बनाए रखने की कारगर योजना बनाने हेतु
आला अफ़सरान की एक बैठक की जा रही होती है

और तमाम विचार-विमर्श के कई घंटों बाद
लिपिबद्ध निर्णय लिया जाता है कि...

प्रशासन ने एतद द्वारा यह निर्णय लिया है
कि महान कवयित्री और कृष्ण भक्त मीराबाई की स्मृति में
सात दिवसीय दस्तकारी मेले का आयोजन किया जाए...

स्त्रियाँ किस देश की नागरिक हैं

वे जिन्हें एक घर से दूसरे घर की ओर हाँक दिया गया था
वे जिनके नाम किसी घर के बाहर वाली नेमप्लेट में दर्ज नहीं हैं
वे जिनके मालिकाना हक़ में नहीं आते खेत मकान बाग़ चौगान
वे जो अपने गहनों-कपड़ों के गुम हो जाने पर अपराधी की तरह
घर की अदालत में खड़ी कर दी जाती हैं
वे स्त्रियाँ किस देश की नागरिक हैं?

वे जिनके घर किसी अंधड़ ने नहीं उजाड़े
किसी नदी ने नहीं डुबोया उनका गाँव
ऐसा होता तो दर्ज होते उनके नाम किसी न किसी सरकारी रजिस्टर में
वे सब बिना घर बिना गाँव वाली स्त्रियाँ
बताओ किस देश की नागरिक हैं?

वे जिन्हें अपने जन्मदिन का 'ज' भी नहीं पता
वे जब जन्मीं तो नहीं बँधे सोंठ के लड्डू
न ही बधाव लेकर नाई उनके ननिहाल भेजा गया
सोहर भी नहीं गाये गए
उन्होंने एक दिन ज़िद की और पूछा कि वे कब पैदा हुई थीं

तो जवाब मिला कि शाम के बाद जब रात गहरा रही थी
और उल्लुओं ने बोलना शुरू किया था—
लड़कियाँ तभी पैदा होती हैं
बताओ तो भला ये तमाम स्त्रियाँ किस देश की नागरिक हैं?

जैसे वे नरकासुर के घर रहीं वैसे ही कृष्ण तुम्हारे घर भी रहीं
जैसे चन्द्रगुप्त के वैसे अशोक के
जैसे बाबर के वैसे ही अकबर के
किसी मन्दिर किसी मस्जिद
किन्हीं महल
और दुर्गों के बाहर नहीं खुदे उनके नाम के अक्षर
बेटों के नाम के साथ भी दर्ज नहीं हुए माँओं के नाम
स्कूल के रजिस्टर में
बताओ इतिहास के गलियारों से लेकर
आज हमारे समय के सेमिनार हॉलों तक
ये सभी स्त्रियाँ किस देश की नागरिक हैं?

ये स्त्रियाँ पेड़ हैं खेत हैं ख़ज़ाने हैं
जहाँ क़ब्ज़ा किया गया
ये सत्ता और सिंहासन हैं जिनके लिए युद्ध लड़े गए
समय ने करवट बदली और दुनिया राजसत्ता की क़ैद से मुक्त हो
लोकसत्ता के नियमों से चलने लगी और
ये अभी भी खाना बनाने वाली
झाड़ू-पोंछा लगाने वाली
और बिस्तर पर ख़ुद बिछ जाने वाली हैं

वे जो दो-चार या पचास या सैकड़ा-भर नहीं
हज़ार-लाख और करोड़ हैं
कई सौ करोड़ हैं

वे पूरी दुनिया पर एक बटे दो फैली हुई हैं
फिर भी उनके पास किसी देश की नागरिकता का प्रमाण पत्र नहीं है

बताओ आज इस इक्कीसवीं सदी में खड़े होकर
ये सभी स्त्रियाँ किस देश की नागरिक हैं?

ख़ूबसूरत लग रही हो!

दाँतों और हाथ की उँगलियों के बीच दबे धागे से
आहिस्ता भौंहों के एक-एक बाल फँसाती,
उन्हें खींचती
वह मेरी पड़ोसन ब्यूटीशियन कहती है—
देखो ख़ूबसूरत लगने लगी अब..
बड़ी साइश्तगी के साथ अपने काम को अंजाम देती वह
जैसे बिल्ली अपने नवजात शिशुओं को सकुशल मोहल्ले के सात घर घुमाती है
माथे की मसाज करते हुए फटकारती भी है
कितने महीनों बाद आई हो
ऐसे कौन से कामों में व्यस्त रहती हो
थोड़ा-सा समय अपने लिए नहीं निकाल पाती
देखो, तुम्हारी भौंहों का आकार कितना दुरुस्त दिख रहा है
और तुम पहले से बहुत ख़ूबसूरत लगने लगी हो

वह फिर एक अतिरिक्त दिखता हुआ बाल धागे की मदद से खींचती है
और मैं एक हल्की चीख़ के साथ
अतीत के एक कक्ष में प्रवेश करती हूँ
जिसके दरवाज़े पर लाल रंग से ऑपरेशन थिएटर लिखा हुआ है

उघड़ी टाँगों को फैलाए ऑपरेशन टेबल पर
अर्द्धचेतना में लेटी हुई मैं ख़ुद
कमरे में पसरे ख़ौफ़नाक अँधेरे को बन्द आँखों से
एक-एक रेशा नापती हूँ
बस्स हो गया, हिम्मत रख्खो...कहता कोई चिपचिपा सर्द स्वर
और वैसे ही हाथ गले तक घुसकर
एक-एक टुकड़ा नोचते हैं,
वैसे ही जैसे वह ब्यूटीशियन भौंह के एक-एक बाल नोचती है
दर्द की एक लहर
माथे की लकीरों से लेकर पैर के अँगूठे तक फैल जाती है
सीने में जैसे कोई चिता जल रही हो
और वहीं दूसरी तरफ़ इस चिराँध से बेख़बर
कोई मेरी ओर माइक बढ़ाते हुए पूछे जा रहा है
और मैं कहे जा रही हूँ कि हाँ मैं अब ख़ूबसूरत लगने लगी हूँ
आकार एकदम दुरुस्त हो गया है
एक भी अतिरिक्त बाल नहीं बचा है...
कहना तो मैं और भी कुछ चाहती थी लेकिन मेरे होंठ खुल ही नहीं रहे थे
जैसे हम लड़कियों को अंडी भंडी गालियाँ बकने वाली
दादियों के सामने भी होठ नहीं खुलते थे
और माइक लिए वह लड़की पीछे पड़ी हुई है

'अब कैसा महसूस कर रही हो'
मैंने पलटकर देखा उसके हाथ में माइक नहीं
बड़ी-सी कैंची थी
नायलॉन का मोटा धागा था
मैंने एक बार फिर पलटकर देखा
अब कोई एक लड़की नहीं थी मेरे पीछे पूरी भीड़ थी
कैंची लिए, धागा लिए, चोंगा लिए
शायद मैं कुछ बदसूरत दिख रही थी

इतनी सुन्दर नहीं जितनी कि इस दुनिया को दरकार थी
जितना सुन्दर कि घर की बूढ़ी औरतें
हर नए ज़माने की लड़कियों को देखना चाहती हैं

मेरे पीछे पड़ा भीड़ का चेहरा रिपोर्टर का चेहरा था
भीड़ का चेहरा गायनोकॉलोजिस्ट का चेहरा था
भीड़ का चेहरा ब्यूटीशियन का चेहरा था
वे सब माइक कैंची छुरी और नायलॉन का मोटा धागा लिए
मेरे पीछे दौड़ रहे थे

मेरी दहशत का यह हाल कि जो अभी पहाड़ पर खड़ी होती तो कूद जाती
नदी किनारे होती तो छलाँग लगा देती
गहरे पानी में
जैसा कि मैं अक्सर अपने सपनों में करती हूँ

मेरे हाथ-पैर सर्द हो रहे थे
मैं खड़े-खड़े ही जम जाना चाहती थी
कि हल्की थप-थप के बाद आँखें खुलीं और
मैंने ख़ुद को उसी सर्द कमरे की आरामदेह कुर्सी पर पाया
मेरे चेहरे की मसाज पूरी हो गई थी
मेरी पड़ोसन ब्यूटीशियन ने छिड़की देते हुए फिर कहा—
अगली बार ठीक समय पर आना
देखो, आईने में देखो, कितनी ख़ूबसूरत लग रही हो
थोड़ा समय अपने लिए निकाला करो

चलते-चलते मैंने ब्यूटीशियन को शुक्रिया कहा
जैसा उस गायनोकॉलोजिस्ट को भी कहा था
जैसा कि मैंने उस रिपोर्टर से कहना चाहा था
मैंने दादी और तमाम बूढ़ी औरतों को कभी शुक्रिया नहीं कहा।

पहली कक्षा का पाठ

कक्षा—पहली
पाठ—दो
पेज नम्बर—चार
'चित्र देखकर पहचानो'

—एक औरत खाना बना रही है
—एक औरत झाड़ू लगा रही है
—एक और औरत बर्तन माँज रही है

चित्रों पर उँगली रखकर नन्ना, जो कि मेरे मास्टर जी भी थे,
मुझे पढ़ाते जाते
यह सारे काम करती औरतों के चित्र भी पेज नम्बर चार पर बने हुए थे

मैं थोड़ी अतिरिक्त नाटकीयता के साथ कुछ ऐसे पढ़ती
—छोटी मौसी खाना बना रही है
—बड़ी मौसी झाड़ू लगा रही है
—और अम्मा बर्तन माँज रही है

पहली कक्षा के इस पाठ को
हम तमाम लड़कियों ने और लड़कों ने भी
बार-बार पढ़ा
उँगली रख-रखकर पढ़ा
चित्र देख-देखकर पढ़ा और चिल्ला-चिल्लाकर रटा

हमारे खपरैले धुँयैले रसोईघरों से लेकर
आधुनिक डिजाइन वाले मॉडुलर रसोईघरों में
पहली कक्षा के इस पाठ को
आज भी जस का तस पढ़ाया जाता है
अम्मा मौसी बुआ चाची खाना बनाकर सबको खिला रही हैं
दीदी झाड़ू पोंछा लगाकर, बर्तन माँजकर ऑफ़िस जा रही है
ऑफ़िस से लौटकर खाना बना रही है...
सबको खिला रही है फिर बर्तन माँज रही है...
झाड़ू लगा रही है...

साक्षरता की क़ीमत चुकाते इस पहले पाठ को हमने
जीवन में सौ टंच सलामत रखा है

यह लो, मैं भी बहुत भुलक्कड़ हूँ
क्या-क्या बातें करने लगी
शाम को घर पर मेहमान आने वाले हैं
आज डिनर में कुछ ख़ास बनाना होगा।

मैसेंजर, माँ और बेटा

मैं लिखना चाहती थी
कि तुम्हारी याद आती है
और लिखा—क्या कर रहे हो अभी?
जाग गए...
या सो रहे हो...
अच्छा...जाग गए
कॉफ़ी बना पी लो ताकि नींद अच्छी तरह खुल जाए

आज मैं तुम्हें बहुत मिस कर रही हूँ...लिखना चाहती थी
और लिखा
वही रोज़ का रूटीन का
जैसे हर माह भेजी जाने वाली राशि
चेतावनी और डाँट फटकार

आज फिर सुबह से ही हिम्मत की और
लिखना चाहा—
जल्दी आ जाओ...

और
लिख दिया
यहाँ बारिश शुरू हो गई है
वहाँ का मौसम कैसा है?

चिड़िया और उसके बच्चे की कहानी

इस पंख फैलाकर उड़ते हुए महानगर की
एक ख़बर यह भी हो सकती है
देखो! उस दस मंज़िला इमारत की कोने वाली बालकनी पर
कोई चिड़िया घोंसला सजाए अपने बच्चे को उड़ना सिखा रही है
वह उड़ानों की उमंग और जुनून के साथ
ख़तरों की ओर भी इशारा करती जाती है

—बधाई हो बच्चे तुम उड़ना सीख गए
तुम्हारे पंख दिनोंदिन मज़बूत होते जाएँगे और
एक दिन तुम आसमान जैसी ऊँचाइयों को बौना कर सकोगे

अपने कोमल पंखों को सहलाता बच्चा बेहद ख़ुश है
महानगर की लम्बाई-चौड़ाई ने उसके सपनों को भी
वैसा ही लम्बा-चौड़ा कर दिया है
उसके सपनों के रंग दिनोंदिन चमकीले होते जा रहे हैं
वह उन्हें विज्ञापनों की टैगलाइन की तरह गा-गाकर सुनाता है
भीतर ही भीतर कुछ गुनगुनाता रहता है
और अपने ट्रबल बैग में भरता हुआ उन्हें बुदबुदाता है

—एक बार आसमान की ओर उड़ेगा तो वापस नहीं लौटेगा
इस लुटी-पिटी धरती पर बचा ही क्या है
हर तरफ़ धूल-धंखाड़, धुआँ और शोर से जीना मुहाल है
है न, वह सहमति के लिए चिड़िया की ओर देखता है

न बच्चे न, लम्बी और टिकाऊ उड़ान के लिए
सुस्ताना ज़रूरी है
और सुस्ताने के लिए धरती ही पाँवों को सहारा देती है
माना कि हमारी दुनिया के पार भी बहुत-सी दुनियाएँ हैं
और वे अधिक रंगीन और ख़ूबसूरत भी हैं
लेकिन यहाँ इस उधड़े पलस्तर वाली बालकनी के
इस कोने में
हमारे होने के हक़
और स्मृतियाँ साबूत रहेंगी
स्मृतियाँ ही हमारे पंखों तले की हवा हैं
जो शरीर को हल्का कर उड़ने में मदद करती हैं
वह दो पक्षी भाइयों की कहानी भी सुनाती है
जिन्होंने सूरज को छू लेने की होड़ ठानी थी
और अपने पंख ही जला बैठे
वह समझाने की कोशिश करती है कि बिना पंखों के कैसे
उन्होंने अपना जीवन काटा

बच्चा यूँ तो हाँ में सिर हिलाता है
लेकिन उसकी आँखें दूर आसमान में
मनचाही फ़सल उगाने की घोषणा कर रही होती हैं

इन दिनों चिड़िया और बच्चे में अक्सर धरती
और आसमान के मुद्दों पर बहस हो ही जाती है
बच्चा घंटों तर्क करता है

हालाँकि उसके तर्क अभी कमज़ोर हैं लेकिन वह हार नहीं मानता
और चिड़िया तमाम अनुभवों और तार्किकता के बाद भी
हार-सी जाती है

इस बरसात झमाझम बारिश हुई
कई शामों को आसमान में इन्द्रधनुष भी निकला
लेकिन चिड़िया झूमकर नहीं नाची
उसकी आँखों में अकेलेपन का मटमैला पानी भरता जा रहा था
किसी रात वह उड़ते हुए बच्चे की
लगातार ओझल होती तस्वीर देखकर जाग जाती है
घोंसले में जा कर देखती है
बच्चा मुस्कुराता सो रहा है
उसके सपनों में कोई उड़ान चल रही है शायद

आज वह कोई तर्क नहीं करती
सन्देहों को मन और घोंसले की दीवारों के पार धकेल देती है
आज वह अपनी छोटी-छोटी उड़ानों के हासिल और
जो कुछ रास्ते में छूट गया,
उसे भी याद कर
उन यादों का एक बदरंगा लिहाफ़ बना
ओढ़कर सो जाती है

रात के आख़िरी पहर को सीने से लगा
चिड़िया भोर का गीत फिर से गुनगुनाती है।

आसमान की खटिया में चाँद

आसमान में खटिया बिछाकर बैठ चुका था चाँद
जैसे कि नानी के आँगन में मैं बैठ चुकी थी
इस तरह, इतने इत्मीनान के साथ
हमारी मुलाक़ातें
साल में एकाध बार ही होती हैं

चाँद मेरे बचपन का साथी और प्रेमी है
जो मेरे साथ स्कूल में पढ़ता था
बेरियाँ तोड़ने साथ जाता
राजा मंत्री चोर सिपाही भी खेलता था

हर बार मिलने पर वह पूछता है
कि मैं उस शहर में भी करती हूँ चाँद का इन्तज़ार
मैं कहती हूँ शहर में न आँगन है न आसमान
और न ही मेरा इन्तज़ार करने वाला कोई चाँद
चमचमाती बत्तियों के बीच वहाँ चाँद की ज़रूरत ही
किसे है
मेरा दोस्त चाँद इसे मज़ाक़ समझता है

वह अभी भी बेहद शर्मीला है
जब-तब हथेलियों में मुँह ढाँप हँसता है

हमारी बातों के पोथे खुल चुके थे
आज चाँद ने पहले ही स्थगित कर दिए थे सारे काम
आसमान उसे भौचक्का देख रहा था
तारे फुसफुसाकर पूछ रहे थे
ये कौन मेहमान आ गया है
जो कभी छुट्टियाँ न लेने वाला आज फ़ुर्सत में पालथी मारकर बैठा है

ख़ैर, हम हमारी बचपन की यादों को दोहरा रहे थे
मैंने उसे बताया कि कक्षा की सारी लड़कियाँ
उसे कितना पसन्द करती थीं
और पाना चाहती थीं उसके ही जैसा प्रेमी और पति
इतना ही नहीं वे दोनों हथेलियों की हृदय रेखा को
जोड़कर
बनाकर आधा चाँद
चाँद को पा सकने की तसल्ली करती रहती थीं

यह सुनकर चाँद इतना शरमाया
कि बदलियों के बीच घंटों ग़ायब रहा
जो मैं उसे बता देती कि स्कूल के दिनों में
मैं भी करती थी उससे मोहब्बत
तब तो शायद वह सारी रात ही ग़ायब रहता
इसलिए मैंने उस क़िस्से को जाने दिया

हम बात करते रहे दोस्तों की साइकिलों से हवा निकालने की
कम नम्बर मिलने पर रोने की
औरों के प्रेम-पत्र चुपके से पढ़ने की

हमने याद की रज़िया मेनन की
शकुन्तला गोंड की, अनीता गौतम की
हमने बात की एक समोसे को चार भागों में तोड़कर खाने की

इश्क़ जैसे मामलों में चाँद भले शर्मीला हो
लेकिन दुनिया-जहान के मामले में बेहद बेबाक है
उसे पता हैं रात की सारी परतें
अपराधी की शिनाख़्त उससे बेहतर भला कौन कर सकता है
यह बात अलग है कि हमारी अदालतों में
उसकी गवाही नहीं चलती

चाँद के ख़ूबसूरत मासूम चेहरे को टकटकी लगाकर देखते हुए
मुझे बेटे की याद आई
जो इन दिनों मेरे लिए ईद के चाँद जैसा ही हो गया है
मैं कहना चाहती थी कि
तुम तो उस देश में भी आते-जाते रहते हो
तुम ही बता दिया करो मुझे वह सब
जो फ़ोन में वह मुझे नहीं कह पाता
लेकिन मैं अपनी उदासी के वितान से चाँद को नहीं ढँकना चाहती थी
सफ़र में अकेले चलते रहने के दर्द से वाक़िफ़ हूँ
और यह भी कि चाँद तो ग्लोबल नागरिक है
उसे याद आ जाएँगी वे हज़ारों कहानियाँ
जिन्हें हम दूसरे देश का समझकर भुलाए रहते हैं
उसे तो पता है न युद्ध की कहानियाँ
विस्थापन की कहानियाँ
हज़ारों बच्चों के एक साथ लावारिस होने की कहानियाँ
ऐसे में मैं सिर्फ़ अपने बेटे की बात कैसे कर सकती हूँ
इसीलिए मैंने इस बात को भी जाने ही दिया

तीन पहर बीत चुके थे
ध्रुवतारा सरई के जंगलों के पार वाले
अपने घर में सोने चला गया था
और सप्तऋषि ब्रह्ममुहूर्त का स्नान करने

चाँद भी उनींदा दिख रहा था अब
और मुझे भी नींद आ रही थी
फिर मिलने की ख़्वाहिश के साथ
अब हमें शब-ब-ख़ैर कहना चाहिए।

जैसे कैलेंडर में कोई तारीख़

दो छोटे-छोटे हाथ भरपूर थे गले लगाने के लिए
दो हथेलियाँ दर्द में हाथ फेरतीं तो क्रोसिन और डिस्प्रिन
खाने की ज़रूरत कम हो जाती
वे दो छोटे क़दम साथ-साथ चले और दूरी महसूस नहीं होने दी
उन्हीं दो आँखों ने अपनी चमक देकर कहा—
देखो वो रही हमारी मंज़िल!

मैंने अपनी दुविधाएँ जताईं
थकीं-हारी रुकी
बार-बार लड़खड़ाई और कहा कि बस
अब नहीं चला जाता
पैरों में जान नहीं बिलकुल भी
उसने हिम्मत दी कहा—थोड़ा आराम कर लो, फिर चलेंगे
उन गुलाबी होठों ने कोई शिकायत नहीं की कभी
कुछ माँगा तो ऐसे जैसे कैलेंडर में कोई तारीख़ टटोल रहा हो
मेरी नाराज़गियों का अनशन तोड़ देती थीं वे मुस्कुराहटें

आज फिर पिछले सालों की तरह का ही एक सुनसान पहर है

जिसके आईने के सामने मैं चाय का कप हाथ में लिये
पिछले इक्कीस सालों को तुम्हारी उम्र की तरह गुज़रते देख रही हूँ
चाय ठंडी हो रही
मेरे इन्तज़ार की तरह
आईने के पीछे रखी कोई धुन धीरे-धीरे कराह रही है
और फैल रही है मेरे भीतर
मेरा मन पूरी झनझनाहट के साथ बजने को तड़प रहा
मैं तेज़-तेज़ तुम्हारी याद को गाना चाहती हूँ
कुछ ऐसे
'कि अब आ जाओ...
इन चार सालों में दिन के कितने गट्ठर गुज़र चुके
कि साइबेरिन पक्षी कई-कई बार हो आए अपने देश'

मैं अपनी धुनों, शब्दों से ख़ुद ही डर जाती हूँ और
अपने दिल के वाद्य पर ज़ोर से हाथ मारकर
उसे चुप करा देती हूँ
कि तभी नीचे वाले फ़्लैट में कोई बच्चा
नींद से जागकर तेज़-तेज़ रोने लगता है...

कोष्ठक शुरू कोष्ठक बन्द

मैं सड़क पार कर रही थी
वह भी सड़क पार कर रही थी
वह मुझसे टकराई हड़बड़ी में
या मैं ही अनजाने टकराई उससे
उसका पर्स हाथ से गिरकर बिखर गया
मेरे हाथ का मोबाइल गिर गया
वह झुकी, मैं भी झुकी
वह अपना सामान समेटने लगी
मैं भी मोबाइल उठाकर धूल पोंछने लगी
उसने सॉरी वाली नज़रों से मेरी ओर देखा
मैंने भी आँखों ही आँखों में कहा
माफ़ करना
वह चली गई मैं भी वापसी के लिए मुड़ी
एक पर्ची सड़क पर पड़ी रह गई थी
उस औरत की होगी—सोचकर उठा लिया
हाथ बढ़ा कर उसकी ओर पुकारने ही वाली थी
कि वह तो कब की जा चुकी
न जाने किस गली में गुम हो गई

मैंने यूँ ही काग़ज़ पर एक सरसरी नज़र डाली
मकान किराया—चार हज़ार
दूध—आठ सौ (आधा किलो प्रतिदिन)
राशन—हज़ार से बारह सौ तक
सब्ज़ी—ढाई सौ, तीन सौ
स्कूल—ट्यूशन की फ़ीस—पाँच हज़ार पाँच सौ
दवा—पन्द्रह सौ
कुल तेरह हज़ार तीन सौ
शेष बचे सत्रह सौ रुपए

कोष्ठक में—
(अभी चश्मा बनवाना है।
कपड़े वाले और सिलाई वाले की उधारी देनी है।
फ्रिज की क़िस्त तीन महीने और चुकानी है।
भतीजी का जन्मदिन, चचेरी बहन की शादी और बीस दिन बाद ही होली सिर पर खड़ी है।
रोज़ आने-जाने का बस का किराया भी तो बचा है)
कोष्ठक बन्द।

मृत्युशैया पर एक स्त्री का बयान

सभी लोग जा चुके हैं
अपना-अपना हिस्सा लेकर
फिर भी
इस महायुद्ध में, कोई भी सन्तुष्ट नहीं है
ओ देव! बस तुम्हारा हिस्सा शेष है
तीन पग देह
तीन पग आत्मा
मैं तुम्हारा आवाहन करती हूँ

ओ देव अब आओ।
निस्संकोच
किसी भी रंग की चादर ओढ़े
किसी भी वाहन पर सवार हो
मुझे आलिंगन में भींच लो
अब मैं अपनी तमाम छायाओं से मुँह फेर
निर्द्वन्द्व हो चुकी हूँ

धरती की गोद सिमटती जा रही
मैं किसी अतल लोक की ओर फिसलती जा रही हूँ
प्रियतम का घर
दोनों हाथ ख़ाली कर
बचे-खुचे प्रेम की एक मुट्ठी भर
लो अब पकड़ लो कसकर मेरा हाथ
जल्दी ले चलो, कहीं भी
हाँ, मुझे स्वर्ग के देवताओं के ज़िक्र से भी घृणा है

अब कैसा शोक
कैसा अफ़सोस
कैसे आँसू
यह देह और आत्मा भी
आहुतियों का ढेर मात्र थी
एक तुम्हारे नाम की भी
स्वाहा!!

जीवन में पहली बार इतना सुख मिला
चिरमुँदी आँखों का मौन सुख
सभी मेरे आसपास हैं
सभी वापस कर रहे हैं मेरी आहुतियाँ
आँसू
वेदना
ग्लानि
बूँद-बूँद स्तनपान

अधूरी इच्छाओं की गागरें
हर कोने में रखी हैं
गरदन उठातीं जब भी वे

मुट्ठी भर-भर मिट्टी डालती रही
बाक़ायदा ढँकी-मुँदी रहीं
उसी तरह जैसे चेहरे की झुर्रियाँ और मुस्कानें
आहों, आँसुओं और सिसकियों पर भी रंग-रोगन किया
आज सब मिलकर ख़ाली कर रहे हैं
आत्माएँ गिद्धों की मुर्दे के पास बैठते ही दिव्य हो गईं

मेरी इच्छाओं का दान चल रहा है
वे पलों क्षणों को भी वापस कर रहे हैं
तिल चावल जौ
घी दूध शहद
सब वापस
सब स्वाहा
उनकी किताबों में यही लिखा है।

कुछ कतरनें

एक

ये रातें किसी ख़ूँख़ार ज़मींदारनी की तरह
हुक्म पर हुक्म दागे जा रहीं

ओ मेरी हुक्मरान! लाओ तुम्हारे पाँव दबा देती हूँ
या सर पर तेल ही मल दूँ।

दो

कहीं नहीं टाँग पा रही
अपने उबलते-उफनते मन को
कपड़ों में तहाकर रखना चाहा
डायरी के पन्नों के बीच भी दबाने की कोशिश की
मोबाइल के कवर के भीतर दस-बीस के नोटों की तरह
दबाकर रखना चाहा

इन दिनों वह मीरा के गीतों में भी उलझता नहीं।

तीन

उधड़ रहा है पलस्तर
दिन-रात चल रही है हथौड़ी-छेनी
मैं हाथ बढ़ाकर रोकना चाह रही थी
लेकिन मेरी आवाज़...
जैसे किसी खोह की परतों से टकराकर
अपरिचित बनकर लौटती है
जैसे याद बिखरी-बिखरी सी प्रायमरी कक्षा के दोस्तों की

अभी भी हथौड़ी चल रही है
छेनी चल रही है
यह मरम्मत का दौर है।

चार

आज सुबह-सुबह मैंने दो कप चाय बनाई
और बिस्कुट लेने चली गई

वापस लौटकर देखा
पूरे कमरे में एक अजीब क़िस्म की हँसी बिखरी हुई है

ये कप
ये प्लेटें
दीवार पर लगा कैलेंडर और
परदे
सभी मुझे अजीब-सी नज़रों से घूरे जा रहे हैं?

कुछ चिंगारियाँ

अकेली औरतों के पड़ोसियों से संवाद

एक—

अकेली रहती हो...
डर नहीं लगता...
अकेले रहने में क्या काम—
कुछ भी बना लिया, खा लिया...
आज स्पेशल बनाया था, सोचा दे आएँ...
आप अकेले रहते हो न...

दूसरी—

कितनी मौज है आपकी...
जलन होती है आपसे...
कभी-कभी सोचते हैं, काश हम भी अकेले होते...
आप की तरह...
कोई चिन्ता नहीं...
कोई टोकने वाला नहीं...

तीसरी—चौथी, पाँचवीं से कहती है—

अकेले रहती हैं...
जब आना तब जाना, कोई समय नहीं...
हर दिन कोई नया आता है घर में...
कोई शर्म लिहाज़ नहीं...।

अकेले रहने वाले ऐसे ही होते हैं...

अकेली औरतों के पुरुष पड़ोसी

अकेले में कहीं मिल जाने पर—

कैसी हैं...
बहुत दिनों बाद दिखीं...
बहुत व्यस्त रहती हैं आप...
लाइए आपका सामान पहुँचा देता हूँ...
अजी इसमें क्या तकल्लुफ़...हम पड़ोसी हैं...
आपकी चाय को कैसे न कर सकते हैं...
आपकी बातें आपका बिहेवियर
बहुत सुलझा हुआ है...
आप जैसी समझ औरतों में कहाँ होती है...

पत्नी के साथ मिलने पर—

पत्नी टेढ़ी नज़र देखकर मुस्कुराती हैं...
वे पत्नी के बगल से चलते हुए
नमस्ते कर खिसक लेते हैं...

अकेली औरत यानी कि

अकेली औरत यानी कि ओपन वैकेंसी का बोर्ड
अकेली औरत यानी कि कच्चे ताज़े मांस का लोथड़ा

यानी कि बहुत-सी लपलपाती जीभें
कोई भी उद्धारक की भूमिका में चला आएगा
निजता में सेंधमारी करेगा
नियन्ता बनेगा, निर्देशन देगा और फिर एक दिन मालिक बन जाएगा

यानी कि यह भी...

औरत यानी जिस्म, फूहड़ विज्ञापन और करोड़ों अश्लील चुटकुले
औरत का घर में होना यानी मुफ़्त की नौकर का पाया जाना
औरत का होना यानी
ऐसे वैसे जैसे तैसे कैसे भी पुरुष के भीतर
पावर का ट्रांसप्लांटेशन।

यानी कि और यह भी...

बहुत सारे पुरुषों को जानने वाली औरत से एक पुरुष प्यार करता है
फिर वह चाहता है कि वह किसी को भी न जाने, पहचाने
एक दिन ऐसा सोचते हुए वह काँटे वाली बाड़ लगाता है
दीवारें ऊँची चुनवाता है

फिर उस दीवार को वितृष्णा से लाँघकर
एक दिन आख़िर चल देता है।
किसी और बहुत सारे पुरुषों के बीच ठहाके लगाती औरत
उसे निमंत्रित कर रही होती है।

तकल्लुफ़ कम हो गए हैं हमारे बीच

ये घड़ी की सुइयाँ इतना शोर क्यों कर रही हैं
टिक् टिक् टिक्

क्या समय कहीं भाग रहा है जो चिल्लाकर आगाह कर रही हैं

देखो तो! इन घड़ियों ने क्या अजूबा किया...
वह जो छत से पूरे आँगन में पसर जाता था
सबकी आँख बचाकर धीरे-धीरे...
जो नीम की पत्तियों में छुपता-छुपाता बदमाशी से मुस्कुराता रहता था...
किसी खम्भे से फिसलते शैतान बच्चे सा दिन-भर
अपना नाम नहीं बताता था
उस उद्दंड को ही क़ैद कर लिया
अब वह चौबीस घंटों के भीतर तीन इकाइयों से कसकर बँधा है

अभी क्या समय हुआ?
बारह बजकर सात मिनट हो गए हैं
अब हम किसी शायद का प्रयोग नहीं करते..

इतने भरोसे के बाद भी
ऐसा क्यों लगता है कि वह हाथ से फिसल रहा है
तुम्हारी मेरी हथेलियों के बीच से कैसे सरक जाता है
या इन घड़ियों की टिक् टिक् उसे चैन से बैठने ही नहीं देती
जैसे कि मुझे माइग्रेन होता है तो शोर से चिढ़ होती है
लगता है कि कहीं दूर भाग जाऊँ
घड़ी की टिक् टिक् से भी
वैसे ही तो नहीं?

वैसे अब तकल्लुफ़ कम होने लगे हैं हमारे बीच
शायद यह बेसब्री भी कम हो...

काश किसी दिन ये घड़ियाँ हमारे आस-पास हों ही नहीं
मैं इत्मीनान से पाँव पसारकर बैठना चाहती हूँ
तुम्हारी आँखों में देख सकने की फ़ुर्सत..
शायद तुम भी ऐसा ही चाहो

मैं एक दिन दुनिया-भर की तमाम घड़ियों को
उनकी टिक् टिक् को
दूर समन्दर में गहरे फेंक आऊँगी।

क़ीमत चुकाए बिना कुछ भी नहीं मिलता मेरी दोस्त!

भादो की वह रात जब बादल गरज-बरस रहे थे
और तुम छानी से चू रहे पानी के नीचे
तसला बटलोई डेगची
रखने के जतन में लगी हुई थीं
इस तरह तुम सहेज रही थीं
बादल-भर पानी
और अपने घर का कोना भी

यह दुनिया बनने के बाद का पहला भादो था

इसी तरह तो अपने भीतर तुमने मायके से लाए
कांसे के चमचमाते बड़े हंडे में
ठंडे पानी का एक सोता छिपा रखा है
कि जहाँ क्रोध बुझ गया
सारे तिरस्कार घुल गए
भादो के जैसी तेज़ कर्कश गर्जना भी
शान्त खारे पानी में बदल गई

मेरे भीतर भी
ऐसे ही चमकदार हंडे में ताबड़तोड़ रुलाई भरी पड़ी है
मैं भी रोना चाहती हूँ
इतना ज़्यादा
कि भीतर का सारा खारापन
गीले कपड़े की तरह निचोड़कर फेंक दूँ

हाँ, मैं रोना चाहती हूँ
लेकिन यहाँ वहाँ, कहीं भी नहीं
इसके उसके सामने या
आईने के सामने भी नहीं

रोने को तो कैसे भी रोया जा सकता है
किसी अँधेरे कोने में बैठकर
सिनेमाई किरदारों को रोते देखते हुए
दरवाज़े के पीछे छिपकलियों की तरह चिपटकर
मकड़ियों की तरह जाले बुनते हुए
दाल में छौंक लगाते हुए
प्याज़ काटते हुए
पर, नहीं...
मैं अतीत की उस सदी के अँधेरे कोने में जाकर
चीख़ मार-मार कर रोना चाहती हूँ
जहाँ एक स्त्री प्रेम के बदले लांछन भरे लिफ़ाफ़े में
निर्वासन का फ़रमान लिए खड़ी है
मैं हर घर की नींव में दफ़्न
उन अनगिनत सुबकियों की आवाज़ बनकर
इतनी ज़ोर से रोना चाहती हूँ
कि पलटकर देखने के लिए मजबूर हो जाए वह
जो प्रतिरोध की एक आवाज़ दिए बिना

चुपचाप चली गई थी
जिसे एहसास न था शायद कि आने वाला समय
जुल्मों की कितनी फ़सलें उसके नाम पर उगाएगा

मैंने अपनी पत्थर की स्लेट
जिसका एक कोना बचपन में टूट गया था
और कई दरारें भी पड़ गई थीं
जिस स्लेट पर सीखा था मैंने लिखना—अ आ इ ई उ ऊ
पानी के छींटे मार कर बार-बार मिटाकर
लिखा था—अ आ इ ई उ ऊ
आज फिर दरारों के बीच बची
साबूत जगहों पर
एक ओर लिखा
गुलामी
और दूसरी ओर
आज़ादी

तुम्हें जो चाहिए क़ीमत चुकाओ
और चुन लो
कि क़ीमत चुकाए बिना यहाँ कुछ भी नहीं मिलता मेरी दोस्त!!

बताओ चाँद बताओ

खिड़की से बाहर चाँद टहल रहा है
आसमान-भर तारे अलग-अलग गुट बनाकर
एक दूसरे की चुगली कर रहे हैं
मेरे कमरे में ठंडी हवा फैली है
सिर पर छत और
पैरों के नीचे धरती सही-सलामत है

मेरा बिस्तर नरम और साफ़-सुथरा है
कोई तिनका-काँटा नहीं चुभ रहा
और मैं भी तो कोई राजकुमारी नहीं कि
सात परत नीचे दबा काँटा चुभ जाए

फिर भी, दिल के भीतर हाथ डालकर सात परतें टटोलती हूँ रोज़
कि आधी रात पार हो चुकी
मुझे नींद क्यों नहीं आ रही?

बताओ चाँद तुम बताओ!
बताओ तारों तुम ही बता दो!

चलो ध्रुवतारा देखें

ऐसा भी क्या अवसाद
कि बत्ती बुझा भीतर से साँकल चढ़ा लो

एकान्त की ऐसी चाह
कि भीड़ में जाकर मान लो कि खो ही गए

साबुन से रगड़-रगड़कर धो डालो उन क़िस्सों को
जो शाम को किसी ट्रेजडी में बदलकर रख देते हैं
तालों में जड़ दो उन किताबों को
जो अवसाद की दुनिया के दरवाज़ों की ओर धकेल देती हैं

चलो छत पर चलें
ठंडी हवा का शॉल ओढ़कर
हम सप्तऋषि की ठीक सीध में ध्रुवतारा खोजेंगे...

मौत और महामारी की कविताएँ

एक

ये कैसी महामारी फैली है
कि हर रात सपनों में उसकी चपेट में आ जाती हूँ
और लगभग आख़िरी साँस लेते हुए सोचती हूँ
कि किसे ख़बर करूँ

इस भय और सन्देह के विष का तत्क्षण असर इतना
कि जो मेरे आस-पास थे, वे सब भी
ट्रेन की खिड़की से बाहर दिख रही चीज़ों की तरह
धीरे-धीरे दूर खिसकते और
अस्पष्ट बिन्दु में तब्दील होते दिख रहे हैं

ठीक समय पर,
जो मेरी नींद नहीं खुल गई होती तो
मैं सचमुच
अकेले जी सकने के दर्द से ही मर गई होती...

दो

किसी सपने के बीच याद आता है
कि दुनिया के हर कोने को एक महामारी ने
अपने जबर पंजों में चपेट रखा है
याद आता है कि मास्क सैनिटाइजर के बिना टहलने निकल पड़ी हूँ
मैं वापस जागरण में आने के लिए हाथ-पैर पटकती हूँ
मेरे घर वापसी का रास्ता
अनगिनत लाशों से पटा पड़ा है
मैं भय से इतनी भर चुकी हूँ
कि जागरण की दूरी तय न कर सकने की हताशा में
नींद में ही मर जाना चाहती हूँ...

तीन

एक क्रूरतम पंक्ति को किसी ख़ूबसूरत कोटेशन की तरह
दोहराया जा रहा है—
'अब काम पर नहीं आना'
स्कूल कॉलेज बन्द
दुकान फ़ैक्ट्री बन्द
सभी कम्पनियाँ बन्द
दफ्तर बन्द
बस रेलगाड़ी हवाई जहाज़ सब बन्द
—'कल से काम पर नहीं आना'

जिनके नाम रजिस्टर से काटे जा चुके हैं
वे अपनी लोथ बन चुकी देह और अमरफल खाई भूख को
पीठ पर लादे

एक ऐसे सफ़र पर निकल पड़े हैं
जहाँ छाया देने वाले पेड़ों को पहले ही काटा जा चुका है

मैं भी इन्हीं के बीच खड़ी
अपनी बारी का इन्तज़ार कर रही हूँ

रात सपने में छँटनी की दूसरी लिस्ट निकाली जाती है
अपना नाम पढ़कर मैं छत से छलाँग लगा देती हूँ...

चार

यह सचमुच की महामारी है
या पूरी दुनिया को क़ैद कर रखने का मिला-जुला षड्यंत्र
ताकि चल सकें गुपचुप कार्यवाइयाँ
बिना युद्ध भी नया तानाशाह निर्वाचित हो सके

एक रात वह मेरे सपनों में आकर
मेरी नींद के ऊपर अपनी मोहर लगी फ़ोटो चिपका गया...

पाँच

लो जी, ये दिल्ली मुंबई सूरत
पुणे अहमदाबाद
कमाने वाले
क्या खाक़ छान रहे थे अब तक
एक दो महीना भी गुज़ारा न कर सके

लौटना था तो लौटते पटरियों के किनारे-किनारे
पर भला कहो तो कोई पटरियाँ सोने की जगह हैं

न जी न, बड़े मक्कार धूर्त झूठे लोग हैं ये
हमारे टैक्स के पैसों की सब्सिडी खानेवाले

राशन मुफ़्त
अब रसोई गैस भी मुफ़्त
खाते में भी पैसे आ गए
अब क्यों करेंगे ये कोई काम धाम
पीकर दारू पड़े रहेंगे बसरू

पैदल पैदल ही जा रहे हैं
अच्छा हुआ
शहर-भर की गन्दगी दूर हुई
क्या! रास्ते में बहुत सारे लोग
मर गए!
चलो कुछ तो जनसंख्या कम हुई...

छह

अरे हाँ, जमुना बाई बोल रही हो
नहीं,
काम पर नहीं आना
अब हम अपना काम ख़ुद कर लेंगे
बहुत नखरे करती थी
देश आत्मनिर्भर हो रहा है...
हम भी हो जाएँगे जी...

वे सड़कें ज़रूर झटपटाती होंगी दर्द से

रात का कंबल इतना गाढ़ा है
कि आवाज़ तक पहचानी नहीं जा सकती
हर रात सड़क पर कुत्ते भौंकते हैं
शायद कुछ सूचना दे रहे होते हैं
या मदद के लिए पुकार रहे होते हैं

हर सड़क की रात में एक साइनबोर्ड टँगा होता है
जो लड़कियों को अकेले रात में निकलने से आगाह कर रहा होता है

अकेले मटरगश्ती करता चाँद हाथ खड़े कर देता है
पुलिस की सायरन वाली गाड़ियाँ
समूची मशीनरी
राज्य की हैसियतें
और सड़क भी नामंज़ूर करती है औरतों की उपस्थिति को

कोई साया
पीछे से चुपचाप आता है
सन्नाटे को ऐसे झपटता है

जैसे बाज चिड़िया को दबोच लेता है
किसी शहर की किसी सड़क पर एक घटना घटित होती है
होकर के गुज़र जाती है
अगले दिन के अख़बारों की हैडलाइन बन जाती है
जिस सड़क पर किसी औरत का बलात्कार किया जा रहा हो
वह सड़क ज़रूर झटपटाती होगी
कराहती होगी दर्द से
मदद न कर पाने की बेचैनी में सर पटकती होगी

हर रास्ता साइनबोर्ड में लिखी चेतावनियों की तरह
क्रूर नहीं हो सकता।

माइनस मार्किंग

दुर्ग का द्वार खुल चुका है हालाँकि
और इस तरह अभी हम एक परीक्षा हॉल में बैठे हैं

सामने प्रश्न-पत्र
पहला प्रश्न
चार विकल्प

—सभी स्त्रियाँ, स्त्रियाँ हैं
—सभी स्त्रियाँ, पुरुष हैं
—कुछ स्त्रियाँ, पुरुष हैं
—सभी उत्तर सही हैं

परीक्षा हॉल में क़लम थामे बैठे हाथ पशोपेश में हैं
एक सही उत्तर लिखने को तैयार
जिसकी तैयारी कई दशकों से चलती रही है
और फिर विकल्प फिर नदारद

समय समाप्त होने में कुछ मिनट शेष है
पर्चा अधूरा छूट रहा
लाल स्याही बूँद-बूँद काग़ज़ पर फैल रही

माइनस मार्किंग की चिन्ता में
हम सब, हर विकल्प की 'हाँ' में 'हाँ' मिला रहीं।

यह समय मेरा नहीं है

यह समय मेरा नहीं है
फिर भी मैं समय में हूँ
यह समय कुछ ख़ास क़िस्म के बुद्धिजीवियों का
समय घोषित हो चुका है

बहरहाल अतीत के रेशे-रेशे को उधेड़कर
विश्लेषण जारी है
दरो-दीवार के किसी भी कोने में लगे
मकड़ी के जालों पर भी शोध कार्य हो सकता है
बशर्ते होने वाली मौतों की साज़िशों का ज़िक्र न हो।

नाटक अभी जारी है

मंच पर मेरे प्रवेश का समय वह था जब
चारों ओर घुप्प अँधेरा
बेफ़िक्री से नींद फ़रमा रहा था

थोड़ी देर बाद थोड़ा-सा अँधेरा छँटा
और एक हल्के प्रकाश पुंज का प्रवेश हुआ
कि दबी घुटी एक चीख़ सुनाई पड़ी
धीरे-धीरे प्रकाश गोलाकार वृत्त से होता हुआ
समूचे मंच पर फैलने लगा और चीख़ें भी

प्रकाश का फैलना-सिकुड़ना
इस तरह आँखमिचौली करना
वैसे तो तकनीकी कौशल का नमूना है
कुछ उँगलियाँ हरकतें करतीं और
उजाला अँधेरे में, अँधेरा उजाले में कायान्तरित हो जाता

इन कौशलों का इन दिनों विधिवत प्रशिक्षण दिया जाता है
तकनीक पर्दा उठाने-गिराने की ज़हमत से भी मुक्ति देती है
फिर भी चीख़ें गले से ही निकलकर आ रही थीं
भरपूर साहस के बाद ही मुमकिन होता है
इस तरह से चीख़ सकना

मेरी आँखों के सामने तरह-तरह के
बनते-बिगड़ते चेहरे आ-जा रहे थे
एक बदहवास लड़की चीख़ में सनी हँसी हँसती
दाएँ कोने में जाकर गुम हो गई

कुछ औरतें
नकाब ढँके, भयाक्रान्त चेहरे
रहम के लिए हाथ फैलाए
चीख़ में लिपटी रुलाई रो रही थीं
थके-हारे बीमार से पुरुषों का एक दल
कोई अदृश्य-सी रस्सी उन्हें खींचे जा रही थी
खींचने वाले हाथ दिखाई नहीं दे रहे थे

दृश्य निरन्तर बदल रहे थे—
एक के बाद एक आ-जा रहे थे
कभी कोई सड़क कभी अस्पताल
कभी चौराहा तो कभी संसद भवन
स्कूल दफ़्तर छत रसोईघर बरामदा
न्यायालयों के भीड़ भरे परिसर
नगरपालिका के नल के आगे क़तार में लगे
पीले सफ़ेद डिब्बे

सुपर बाज़ार
खेत मकान
फ़ैक्ट्री दुकान
कल कारख़ाने
भीड़ के भीड़
जर्जर भूखे बीमार लोग
टूटी चप्पलें हाथ में लिए चीख़ते जा रहे थे
या शायद पुकार रहे थे...

मेरे हाथ में एक डायरी थी
वहाँ मेरे देश के साथ ही अनेक देशों के नक़्शे उकेरे थे
मैं वहीं कहीं उँगली रखने के लिए
सुरक्षित जगह खोजने लगी
हर कहीं रक्त से भरी लाल कत्थई धरती मिली
मानवता के अंग-भंग चित्र मिले
दुर्दांत कहानियों से भरे इतिहास के भग्नावशेष मिले
और इस तरह देखा जाए तो कर्ण की तरह
मुझे भी नहीं मिली इंच मात्र सुरक्षित ज़मीन
नाटक अभी अपने अन्तिम दृश्य को निभाने में लगा हुआ था

सामने की पंक्ति में बैठे लोग टेबल पर और
बाक़ी के अपनी जंघाओं पर तीन-तीन थापें दे रहे थे

यह तो पहला दृश्य था—

और दूसरा—
दर्शकों का एक दल चीख़ता हुआ

मंच से बाहर निकल गया
और दूसरा मंच की समवेत चीख़ों में शामिल हो गया

अब आप ही बताएँ
यह नाटक सुखान्त है या दुखान्त

वैसे नाटक अभी जारी है।

प्रेम धरती पर घिसटकर चलने वाला केंचुआ है

(सुधा अरोड़ा के लिए)

जब साहिर ने कहा होगा अमृता से
कि चलो एक बार फिर से अजनबी बन जाएँ...
ज़रूर उससे पहले इमरोज़ जैसे दीवानों को लेकर कहासुनी हुई होगी

अपनी समझ-बूझ के कई दशक बिता लेने के बाद
और प्रेम के आड़े-तिरछे दर्जनों नमूने
आसपास देखते रहने के बाद
मुझे पक्का यक़ीन है कि
किसी एक शाम साथ में शराब पीती
और सिगरेट के छल्ले उड़ाती प्रेमिका से
दुनिया के तमाम प्रेमियों की तरह कह दिया होगा साहिर ने
कि शराब और सिगरेट पीने वाली लड़कियाँ
दुनिया की नज़रों में अच्छी नहीं मानी जातीं...
और इसीलिए वह फ़सानों वाला जाम आधा बचा रह गया

जरा ग़ौर कीजिए किसी प्रेमिका की आँखों में उतरे
उस पल के नैराश्य को

उस एक पल में बहुत कुछ बदल गया था
मस्ती में इठलाता पूर्णिमा का चाँद डगमगा गया था
उसकी डगमगाहट को नापा जा सकता था
उसी अधपिये जाम में
अभी-अभी लिखी गई नज़्म की दो पंक्तियाँ चीख़ उठी थीं

प्रेमी आसमान में उड़ने वाले पंछी नहीं हैं
कि एक दूसरे से कहें कि—जाओ उड़ लो अपनी उड़ान
प्रेम धरती पर घिसट-घिसटकर चलने वाला केंचुआ है
सँभलकर प्रेमिकाओ, यक़ीन न करना
ऐसी नज़्मों पर
याद रहे कि प्रेमी जो आख़िरकार मर्द ही है
ऐसी रूमानियतों पर वह
कभी भी उड़ेल सकता है
केतली-भर उबलता पानी।

जो खट्टी बचीं न मीठी

गेंहू भरे सूप को दोनों हाथों से फटकारती दादी
कचरे के ढेर की ओर घूरती कहे जा रही—
कुल की शालीनता का वज़न ना हो तो लड़कियाँ
कूड़ा करकट ही होती हैं
और फेंक दी जाती हैं घर के बाहर

कॉलेज जाते हुए माँ ने मेरे दुपट्टे में तीन आलपिनें लगाईं
और माँग काढ़कर दो चोटियाँ बनवाईं
वे हर दिन कुछ सत्य घटनाएँ सुनाकर अपरोक्ष रूप से सावधान करतीं
साथ ही मायके का दरवाज़ा बन्द होने वाला फ़रमान भी

ये दो पीढ़ियों की लड़कियाँ जिन्हें कच्चे आम की तरह तोड़कर
मायके के आँगन में सुखाया गया
वे ससुराल के बन्द कमरों में अमचूर की तरह कूटी गई
तीसरी पीढ़ी की दालान पर खड़ी ये लड़कियाँ न खट्टी बचीं न मीठी
ये हर सुबह अपनी बेटियों को उड़ने के लिए पंख देती हैं
और शाम उन्हें काटकर आलमारी में बन्द कर देती हैं

दादी ने बुआ से कहा था जो—
माँ ने शब्दों का थोड़ा हेर-फेर किया और वही कुछ मुझसे कहा—
मेरी पीढ़ी की औरतें एक नई शब्दावली रचकर
वही बात अपनी बेटियों से कह रही हैं—
ओरियो बिस्किट के केक बनाओ न
बहुत सरल है
220 नम्बर फ़्लैट में रहने वाली हिमांशी भी बना लेती है
तुमसे छोटी है...
और एक दिन ना नुकुर करती 312 वाली मीनाली
ओरियो बिस्किट के बीस रुपये वाले दो पैकेट से केक बनाती है
ख़ूब स्पंजी चॉकलेटी केक देखकर
चहकती,
फ़ोटो खींचकर स्टेटस लगाती है
मेड बाय मी और फिर इस्माइली...
मम्मा पापा भैया को टेस्ट कराती है
पूछती है—कैसा बना?

बड़ी जड़ होती हैं ये माँएँ
रचती हैं हर पीढ़ी को
बिलकुल अपने ही जैसा
एक औरत के जैसा
इसीलिए तो हर पुरुष को अपनी माँ के हाथ की
दाल सब्ज़ी का स्वाद सबसे ज़्यादा पसन्द होता है
क्योंकि वह तैयार कर चुकी होती है
किन्हीं और हाथों को वैसे ही दाल बना सकने के लिए
मेरी माँ ने भी मुझे ऐसा ही बनाया

कब से कटोरी में दाल लिये खड़ी हूँ
बगल में अपनी तमाम डिग्रियों को दबाए

मैं चौथी पीढ़ी के बारे में सोचकर थोड़ा आश्वस्त और
बहुत सिहर जाती हूँ।

विधवा उत्सव मनातीं मेरे गाँव की औरतें

कुछ औरतें उसे जबरन-सा ही
लगभग घसीटते हुए
आँगन की ओर ला रही हैं
बीच आँगन अमरूद के पेड़ के नीचे
छोड़कर उसे
वे सब किनारे हो गईं

वह वहीं निढाल-सी बैठ गई
वह निशब्द रोए जा रही है
कभी धीमे तो कभी तेज़
वह लगातार रोए जा रही है बस

उसकी आँखों में गहरे भय अपमान
और याचना की
मिली-जुली छायाएँ देखी जा सकती हैं
जो आँसुओं के बीच गुम हो
आँचल के एक छोर में जज़्ब हो रहीं

वह दबी-छिपी नज़रों से अपनी कलाइयों की
डिजाइनदार रंगीन चूड़ियों को निहारती है
तो कभी गोटेदार साड़ी के भीतर ख़ुद को
और लपेटने की चेष्टा करती है

जैसा कि तुम सोच रहे हो कि
उसे मारा-पीटा जाएगा
या घर से निकाला जाएगा
या क़त्ल किया जाएगा
नहीं, इत्मीनान रखो, ऐसा कुछ भी नहीं होगा
उसकी जान बख़्श दी जाएगी
औरतों को ज़िन्दा मार सकने के अनगिनत तरीक़े
समाज ने अपने विकास के साथ-साथ ईजाद कर लिये हैं
अभी इस तैयार किए गए मंच पर एक सज़ा को
शब्दशः निभाए जाने की रस्म अदायगी करनी है

यहाँ सब कुछ स्क्रिप्टेड है
पर यह कोई फ़िल्म नहीं है
मंच है, सभी किरदारों को अपनी भूमिका पता है
फिर भी कोई नाटक नहीं होने वाला

हाँ यह एक नायिकाप्रधान कहानी है
चारों ओर औरतें ही औरतें
काली छायाओं की तरह मँडरा रही हैं
मूक, बिना संवाद के
संगीत भी नहीं है यहाँ
केवल धीमी और तेज़ सिसकियों की आवाज़ें आ रहीं

अठारह साल से अधिक हुए इस थ्रिलर को देखे
जिसकी गूँज अभी भी मन को

किसी टूटे हुए वाद्ययंत्र की कर्कश ध्वनियों-सा
बेचैन कर देती है

तो देखो! आज यह औरत भीड़ में भी
अकेली छोड़ दी गई है
उसकी चहेतिनें गोतिनें पड़ोसिनें
सभी दूर तमाशबीन खड़ी हैं
कोई पास आकर उसके आँसू नहीं पोंछ रहा
दुख की वजह जानने की कोशिश नहीं कर रहा

वह अपरिचित नज़रों से सभी की ओर देखती है
रस्सी तुड़ाकर भाग जाने के भाव उसकी आँखों में साफ़ दिख रहे हैं
वह सवालों से भरी नज़रों से सभी की ओर
और ऐसे ही धरती की ओर भी देखे जा रही है
उसने भी शायद वही कहा
जैसा हज़ारों साल पहले एक स्त्री ने
परीक्षाओं की फ़ज़ीहतों से तंग आकर कहा था
कि 'बस, अब समा लो मुझे ख़ुद में'

वह एक-एक कर सभी की ओर इस उम्मीद से देखती है
कि शायद होने जा रहे प्रहसन का पर्दा
उठने से पहले ही कोई घोषणा कर दे
कि—'पटाक्षेप हो गया'
लेकिन ऐसा कुछ भी नहीं होता

मंच अपनी गति से गतिमान रहा
दृश्य में अँधेरा भरता गया और
वही सब कुछ बड़े इत्मीनान से

कर्कश संगीत के बीच संपन्न हुआ
जो पहले भी होता रहा है

इस सती प्रथा के लघु संस्करण के दृश्य मैं यहाँ कैसे कहूँ
लेकिन जब पर्दा उठ ही गया है तो फिर
कोई पर्दा कैसे और क्यूँ रखा जाए

उस औरत को सजाया गया
सब कुछ नया-नया
सोलह शृंगार किया गया
और फिर...जैसे सहलाते-सहलाते अचानक
पीठ पर लात लगा दी हो
जैसे उधेड़ दिया गया हो पलस्तर
छेनी से छेद कर दिया गया हो
ऐसे ही नोच कर फेंक दिये गए साज-सिंगार
जैसे हलाल कर मुर्ग़ी के पंख नोचकर फेंक दिए जाते हैं
बिलकुल निर्वस्त्र कर दिया गया
वैसे ही

कोरस का स्वर तेज़ और तेज़ हो गया
और वह औरत बिलकुल शान्त निस्तब्ध
जैसे अब कुछ भी खोए जाने का डर न रहा हो
जैसे ठहर जाता है सब कुछ तूफ़ान के गुज़र जाने के बाद

यहाँ पुरुषों का प्रवेश वर्जित है
अपशकुन माना जाता है उनकी सेहत के लिए
इसलिए उनकी माँएँ नहीं देखने देती हैं उन्हें ऐसे दृश्य
कि कहीं उनके भीतर कुछ पसीज न जाए

या जाग ही जाए उनके भीतर की सोई हुई स्त्री
और ये स्त्रियाँ पुरुषों के साम्राज्य को बेखटके बनाए रखने के लिए
यह क्रूर प्रहसन जारी रखती हैं

इस तरह मेरे गाँव क़स्बे की औरतें
किसी औरत के विधवा होने का जश्न मनाती हैं
वे उसे पहले नोचती है
फिर उसके घावों को कुरेदती है और
उसमें चुटकी भर-भर नमक डालती जाती हैं
तब तक, जब तक कि वह दर्द की अभ्यस्त होकर
औरों को दर्द देने की प्रक्रिया में शामिल न हो जाए
यहाँ किसी पुरुष की मौत अकेले नहीं होती
साथ ही मार दी जाती है उसकी औरत भी
और उसकी आँखों में बचे-खुचे सपनों को
ज़िन्दा जलाकर
राख को गंगा में बहा आते हैं

मेरी वह पटना वाली दोस्त कहती है कि ये औरत उसके गाँव में भी हैं
और वह कोरा गाँव वाली कहती है कि
सिर मुँडवा दो तो वह उसके गाँव की हो जाएगी
इस कहानी के कुछ दृश्य अपनी मद्रासी दोस्त को सुनाए
तो उसने कहा कि
यह औरत उसके गाँव में भी पाई जाती है
पूरब से पश्चिम तक
उत्तर से दक्षिण तक
मैंने जिस किसी को यह बात बताई,
उन सभी ने कहा कि यह औरत उनके गाँव-खेड़े में भी पाई जाती है
मैं सैकड़ों आवाज़ों से घिरी हुई हूँ

इन आवाज़ों में कई हमारे पड़ोसी मुल्कों की भी शामिल हैं
वे भी कह रही हैं हमारे भी...हमारे भी...

चलिए वापस दृश्य में चलते हैं—
वे बाक़ी की औरतें जो आँगन में झुंड बनाकर खड़ी थीं
अब अपनी-अपनी भूमिकाओं में वापस लौट रही हैं
सासें बहुओं को पतिधर्म की रटी हुई पोथियाँ सुनाने लगीं
माँएँ बेटियों को चाल-चलन ठीक रखने की नसीहतें दे रही हैं
पुरुषों की बरकत को समर्पित क्रियाकलापों की नींवें
और गहरी हो गईं
कलाइयों में बढ़ गई चूड़ियों की तादादें
सिंदूर का रंग अधिक गहरा हो गया
गीताप्रेस से ख़रीदी गई थोक में उपवासों की किताबें
और मुफ़्त में बाँटी गईं
तीजा करवाचौथ छठ के अलावा भी कुछ उपवास ईजाद किए गए
एक औरत तीन को
तीन नौ को और नौ सत्ताईस को पोथियों के
साथ खीर-भरी कटोरियाँ बाँटेगी
इस तरह गाँव क़स्बे से होता हुआ महानगरों की ओर फैलेगा
डर का सांस्कृतिक सैलाव

जैसा कि पहले ही बताया गया कि यह आँखों देखा हाल है
कोई फ़िल्म या नाटक का दृश्य नहीं
लेकिन किसी नौटंकी से कम भी नहीं
इस क्रूर उत्सव का हिस्सा बनी थी मैं भी
कोरस के उन स्वरों में मेरा भी स्वर मिला हुआ था
नहीं, मैं चुपचाप सब कुछ नहीं चलने देना चाहती थी
मैं हाथ उठाकर उस औरत की फ़ज़ीहत को रोकना चाहती थी
मैं पंक्ति भंग कर बीच आँगन खड़ी हो

सबको ललकारती धिक्कारती
कुछ संवाद बोलना चाहती थी
मैंने उस औरत के हाथ में भी कुछ संवाद थमाने चाहे थे...

लेकिन यह मूक प्रहसन था
निर्देशक की सख़्त हिदायत थी कि
सदियों से चलते आ रहे दृश्यों को कोई छेड़े नहीं
पटकथा में कुछ भी बदलाव करने का दुस्साहस न करे
मेरे हाथ पीछे बाँध दिए गए थे शायद औरों के भी
जो किरदार यहाँ दिखाई दे रहे थे वे दरअसल नहीं थे
और जो दृश्य में नहीं दिखाई दिए
उनकी उपस्थिति हर क्रिया के पीछे थी

यह कटुतिक्त कार्यवाही संविधान के किसी अनुच्छेद में दर्ज नहीं है
इसे हत्या नहीं माना जा सकता
क्योंकि पात्र ज़िन्दा है
और वह ख़ुद के ज़िन्दा होने की गवाही देगा
इसे ज़बरदस्ती नहीं कह सकते
क्योंकि भोक्ता ने कोई निषेध नहीं किया
और तमाम उपस्थित-अनुपस्थित औरतें भी
इसे ज़बरदस्ती या जुल्म नहीं मानतीं
इस तरह मानवाधिकारों के प्रावधानों भीतर
उनके शोषण के सवालों का औचित्य ही नहीं

पर्दा कब का गिर चुका
वह मंचन जो मैंने देखा—सुना, दिखाया और सुनाया भी,
कब का ख़त्म हो चुका
इस कहानी की नायिका
वह औरत भी बूढ़ी हो चली

नाती-पोतों वाली
उसे ढलती शाम और वीरान हवाओं के साथ रहने की
आदत हो चली है
शायद किसी चटक रंग की सुबह की
उसे याद भी नहीं
शायद उसे बिना नमक-मिर्च के उबले स्वाद पर यक़ीन हो चला

इस दृश्य में उपस्थित कुछ जोड़ी बूढ़ी आँखें
जो नाटक की पटकथा हाथों में लिये खड़ी थीं
और मंच को निर्देशित कर रही थीं
वे अब मर-खप गईं
वह औरत जो मेरी कहानी की नायिका थी
अब निर्देशक की भूमिका में आ गई है और
ख़ुद पर भोगी नौटंकी को जब-तब सम्पन्न करवाती रहती है

* * *

तो मेरे दोस्तो!
तुम शहरी हो या किसी महानगर में रहते हो
तुम गाँव में या किसी क़स्बे के रहने वाले हो
तुम कोई स्त्री हो या पुरुष
काले या गोरे
तुम कैसे भी हो, मुझे इससे क्या

मेरे दोस्तो!...
अभी फ़िलहाल मुझे तुमसे कोई बहस भी नहीं करनी है
न ही जेंडर इक्विटी पर और
न ही जेंडर जस्टिस पर
यह जो एक दृश्य मेरे हाथ में पकड़े पन्नों पर फड़फड़ा रहा है
आओ अभी हम इसके संभावित सभी पहलुओं पर

किसी प्रश्न की तरह तहक़ीक़ात कर लेते हैं
अब हम फिर अपने उसी विषय पर वापस लौटते हैं
माना कि यह छद्‌म प्रदर्शनों का दौर है
और हमने
सब कुछ जानते हुए भी उसे युगधर्म बना लिया है
फिर भी क्या दुनिया की बदसूरती को नफ़ीस कपड़े से ढँक देने पर
उसकी दुर्गंध को भी ढँका जा सकता है
वे शीर्षक मुझे हमेशा ऐसे ही लगते हैं
जहाँ कुछ शब्दों को बोल्ड कर
दोहराया जाता है
कि अब कहाँ होते हैं औरतों पर जुल्म
औरतें अब बड़ी मज़बूत हो गई हैं...
और चुटकुलों वाला पुरुष तो डरा-सहमा घर के भीतर प्रवेश करता है
दिन-रात व्हाट्सएप में फॉरवर्ड किए जाने वाले मीमों ने
कोई अलग ही दुनिया बना रखी है
और हमारे दर्जनों धारावाहिकों की नायिकाएँ...

इन सबका अभिप्राय क्या यह
कि सारी ग़ैर बराबरियाँ बराबरी की लाइन में आ खड़ी हुई हैं
इतिहास में दर्ज शोषण की तमाम दस्तानें सिर्फ़ अतीत का मसला थीं
और हमारा समाज अब इतना आधुनिक और प्रगतिशील बन चुका है कि...
तब मेरा जी करता है कि मैं हाथ पकड़कर उन सबको
उसी अमरूद के पेड़ के नीचे ले चलूँ
जहाँ अभी भी किसी न किसी औरत की आत्मा पर मिट्टी का तेल छिड़क
आग लगाई जा रही होगी
उसके वजूद को ही अर्थहीन घोषित किया जा रहा होगा

सच पूछो तो किसी भी क़िस्म की क्रूरता की शुरुआत
ऐसे ही किसी अमरूद के पेड़ के नीचे से होती है

और ये पेड़ केवल गाँव-क़स्बे के किसी आँगन में नहीं होते
उनकी जड़ों ने दुनिया की पूरी ज़मीनों को अपने क़ब्ज़े में ले रखा है
कहीं कुलरीति तो
कहीं लोकरीति
कभी परंपरा—नैतिकता के बहानों से
सुनो, कानों को थोड़ा चौड़ा कर सुनो
चारों तरफ़ घुटे हुए गलों से निकली चीख़ें तुम्हारे कानों को सुन्न कर देंगी

यहाँ से शुरू सिलसिला यहीं थमता नहीं
इनका रूपांतरण महानगरों में गैंगरेप के रूप में सामने आता है
तो कभी पौरुष-दंभ
किसी लड़की को गाड़ी से रौंदकर गुज़र जाता है
मैं रेड लाइट एरिया की कहानियों को भी यहीं से लिंक करती हूँ
हत्याओं-आत्महत्याओं जैसे अनगिनत क़िस्से तो सब सुनते ही रहते हैं
इन कहानियों को और कुरेदती हूँ तो
इतिहास की परतें उधड़कर चूने की तरह झड़ने लगती हैं
संपत्तियों को हथियाने के पीछे काम कर रहीं
राजनीतिक साज़िशें
थोड़ा और नाख़ून से खुरचते ही धर्म की दलालियाँ
पूरी बेशर्मी से सामने आकर अट्टहास करने लगती हैं
कि तभी हमारे समय का एक कवि पूरे ज़ोर से टेबल ठोंक कर कहता है—
'इतिहास में पहली स्त्री हत्या
एक पुत्र ने अपने पिता के कहने पर
अपनी माँ की, की'

और हमारा इतिहास उन सभी पुरुषों के
नाम के आगे वीर लगाता है
उनके नाम के आगे भी
जो एक औरत को नंगा करते समय चुपचाप खड़े रहे

और हमारे नागरिक समाज को
औरतों को घर से निकालने वाला
वह रामराज्य आज भी चाहिए

ज़ाहिर है कि
औरतों पर होने वाले जुल्मों को कभी
जुल्म ही नहीं माना गया
उन्हें न्यायसंगत ठहराने के लिए हर धर्म के पास
धर्मग्रन्थ हैं
लाखों-करोड़ों परम्पराओं की विशाल वैतरणी है
इतने मज़बूत मिथक कि विज्ञान के तर्क
और ज्ञान की तमाम धाराएँ
झूठी लगने लगती हैं

हमारे एक हाथ में मनुस्मृति और
दूसरे में संविधान है
संविधान सबके लिए है
मनुस्मृति स्त्रियों के लिए सुरक्षित रखी है...